米田まりな

やる気に頼らず、
仕組みで結果を出す

一生使える
「目標達成」の技術

大和出版

はじめに

目標達成に必要なのは、努力でもやる気でもない

最近、あなたが「達成したこと」はなんですか？

年始に立てた目標で、実現できたものはありますか？

この本を手に取ってくださっているあなたには、目標を立ててもやる気が続かず、挫折してしまった経験が、少なからずあるのではないでしょうか。

でも、これからはもう、「何をやっても三日坊主……」と、自分を責める必要はありません。


突然ですが、「目標達成をしようと思ったら、机に向かうより先に、まず整理をする」と聞いて、どう思われるでしょうか。

「整理することと目標達成、どう関係があるの？」「忙しいのに机を片付けている暇なんてないよ」と思われたかもしれません。

実際には、散らかった状態でやみくもに机に向かっていても、効率は悪く、集中力は続きません。

そもそも整理とは、部屋の荷物を片付けることだけではありません。

この本でお伝えする整理とは、「脳内・環境」を整理することを意味します。さらにそれらを「仕組み化」して継続することによって、目標達成が実現するのです。

具体的には、

- 頭の中のモヤモヤをすべて吐き出して、雑念を取り払う（脳内を整理）
- 雑念が視界に入らないよう、必要なものだけを厳選する（環境を整理）
- その上で、日常生活に、目標達成への一歩を組み込む（仕組み化）

このようなことを指します。

あなたは、これまで、教材を開いて読み込もうとしても10分と続かなかった、または雑念に邪魔されて時間だけが過ぎていた、という経験はありませんか？

集中力が続かず挫折してしまったのも、目標を立てても途中で諦めてしまったのも、あなたに気合が足りないのではなく、「目の前のもの・ことが目標達成のために最適化されていない」＝**日常に目標達成を組み込む「仕組み化」**ができていなかったからだと断言できます。

睡眠を削って机に向かう、がむしゃらに問題集を説く……根性論に頼った方法よりも、最速・最短で目標を達成できるのです。

ここで、自己紹介をさせてください。

私は現在、本業では不動産ディベロッパーで会社員として勤務し、副業で、整理収納アドバイザーとして、執筆・メディア出演などの発信活動をおこなっています。

また、本業・副業に加え、一橋大学大学院ＭＢＡに夜間コースで通学し、２０２２年に経営学修士号を取得しました。

その後も、宅地建物取引士の取得やビジネス英会話・中国語会話のレッスンなど、そのときどきに興味を持ったテーマで勉強を続けています。

このように経歴だけ並べてしまうと伝わりづらいのですが、私は、「意志の力」はどちらかというと弱いほうです。

根性論だけではすぐに飽きてしまいますし、仙人のように机に向かってばかりいるわけではありません。スマホを開く回数も人並み程度に多いでしょう。

その分、過度に自分を信用せず、多少お金をかけてでも頼れるものにはなんでも頼る、というスタンスで取り組んできました。

「意志の力」が弱い私でも、仕事をしながら、同時にたくさんのことを実現してきた秘密は、先ほどお伝えした**「仕組み化」**にあるのです。

この本では、実際に私が実践してきた方法を余すところなくお伝えていきます。

その一部をご紹介すると、

- 1畳分のパーソナルスペースを作り、部屋を「カフェ化」する（30ページ）
- 定期的な「捨てる会議」で、「やらなくていいこと」を終わらせる（59ページ）
- 一足飛びに丸暗記せず、「情報の取り出し方」を先に覚える（88ページ）
- 机に向かうことにこだわらず、寝ながら、入浴しながらでも勉強する（96ページ）
- スマホをクリーンアップし、「目にしたい情報」のみ表示させる（１０８ページ）
- 平日にインプット&休暇にアウトプットを意識的に繰り返す（１２６ページ）
- 月に一度、振り返りをして柔軟に次の目標を決める（２０５ページ）

ここまで読んで、「なんだか難しそう……」と思われたでしょうか。

でも、私自身だけではなく、意志の弱さに悩むクライアントの方々も、これからご紹介する方法を通じて、多くの目標を達成してきました。きっとあなたも大丈夫。

さらに本書では、わかりやすくお伝えするために、各章の冒頭で、「目標を決めては挫折している主人公のストーリー」を漫画で解説。楽しみながら読み進められるように工夫しております。

毎日仕事で忙しく、自分への投資が後回しになっている方も、「努力は嫌いだけど、これから変わりたい！」という方も、ぜひ気楽な気持ちで、ピンとくる章からお読みください。

米田　まりな

STEP 2 思考・時間を整える
――やるべきことだけに集中し、無理なく習慣化する

STEP 3

情報を整える

——ツールに頼って体系的に管理し、確実にモノにする

STORY 03 資料や教材を管理できない……

STEP 5
心を整える
――不安な気持ちを取り払って、一気にゴールに向かう

STEP 6

「トライ＆エラーで成長する」と知る

——やり方が合うまで、絶対に自分を見捨てない

STORY 06

自分に自信がない……

本文漫画　片桐了
本文DTP　白石知美／安田浩也(システムタンク)
本文デザイン　三森健太（JUNGLE）

プロローグ

「時間がない」
「集中できない」を理由に
諦めていませんか?

「気づいたら結果が出てた！」、そんな「騙し騙し作戦」を教えます

週末にまとめて勉強するつもりが、気付いたらスマホを見てゴロゴロ……。

新年に立てた目標も、ほとんど忘れかけている……。

「気合が足りないからかな」「昔から、勉強って苦手だし……」、そう思ってしまった方も、諦めないでください。

性格や、やる気の問題ではありません。

「仕組み」が、うまくできていないだけなのです。

平日早起きして、ノートで毎日進捗管理をして、何時間も机に向かって集中する。

学生時代に私たちが言われてきたやり方ですが、大人になった今、このやり方だけが正しいのでしょうか？

私自身、高校時代は脇目もふらず、学校・塾で教わった通りのやり方で、受験勉強に打ち込みました。平日は1日4時間、休日は10時間、ひたすら机に向かい、科目ごとの勉強時間を記録していきます。

大学には無事合格できましたが、高校時代を振り返ると、部活・運動はおろか、人付き合いもろくにせず、生活全般は親任せ、娯楽も一切なし。気分はひたすら孤独で、**「こんな頑張り方を続けていては、不幸になってしまう！」**と悟りました。

そこから仕事・生活・人付き合い・趣味などとうまく折り合いをつけながら、**「無理なく・継続的に勉強するやり方」**を模索し続けてきました。

スマホが身体の一部となり、オンライン・オフラインとも便利なサービスが溢れる現代。「勉強＝受験生のように、教科書とノートを開いて机に向かうこと」というイメージが、頭にこびりついていないでしょうか？

目標達成の手法も、アップデートすべきなのです。

- 頭で覚えず、スマホのツールに頼る
- 苦手な分野は、お金をかけてでも環境を変える

●机に向かうだけでなく、楽な体勢で、インプットし続けるなど、本書では**「騙し騙し」**で、そこまで気合を入れずとも、いつのまにか目標が達成されている**「仕組み」**を、お伝えしていきます。

本書での「目標」は、勉強・資格取得だけではありません。副業、趣味、家事、運動など、ワーク・ライフすべてにおいて、目標達成は人生の満足感を高めます。

目標自体は、地味でも、小さくてもかまいません。

「プチ達成感」を味わいながら過ごす毎日と、「何をしていたか、思い出せない」毎日、どちらが幸福かは自明ですよね。

仕事に家事に忙しい方こそ、隙間時間を活用して、知らず知らずのうちに、目標を達成してしまいましょう。

※本文中に記載のスマホ・PCのアプリ、サービスの操作方法については、2024年3月時点の情報となります、最新の情報については各サービス提供者のHPなどでご確認ください。

STEP 1

環境を整える

――部屋・身のまわりを整えて、無駄をなくす

STORY 01 いつも三日坊主になってしまう……

そろそろなんとかしなきゃな～
気合が足りないのか？
ピクピク
毎朝5時起きしちゃう？
いっそ滝行とか行っちゃう？
スマホで調べたりはしてるけど…
やる気を出す！100の方法
はあ～
昔から三日坊主だから仕方ないよね～
勉強とか好きじゃないし…
ワナワナ
ぴょーん
お前、このままでは何事も達成できぬ!!
ワー!?しゃべった!?
まずは一番にその惨状を整えよ！
びしっ
ぐちゃあ….
机…??

46ページに続く

01

机に向かう前に、まず「すべて出す」

「片付け」という言葉の定義を、あなたは正しく知っているでしょうか？

「片付け」とは、散らかっているものを奥に隠すことでも、とにかくたくさん捨てることでもありません。

片付けの意味は、**「整理・収納・整頓」**の3つのパートから成り立ちます。

- **「整理」**は、持ち物をすべて出して、その意味合いと向き合うこと。
- **「収納」**は、1つひとつのものの意味合いを元に、最適な位置を決めること。
- **「整頓」**は、収納で定めた場所に、出したら戻すこと。

「整理→収納→整頓」という順におこなうことが非常に重要です。

来客で焦って部屋を片付けて、数日のうちにリバウンドしてしまった経験はないでしょうか。ものと向き合うプロセスを飛ばして、散らかったものを棚や押し入れに戻すだけの整頓を繰り返していても、部屋は一向に片付かず、なんの意味もありません。

今やるべきことだけが机の上に乗っている状態でこそ、人は集中できるのです。

「勉強しよう！」と気合を入れて机に向かう前に、まずは机の状態を整えましょう。

この考え方は物理的な片付けだけでなく、時間管理や思考整理にも役に立ちます。

自分が普段、何に時間を費やしていて、何を考えて過ごしているのか。わからないままに新しいことを足し算しても、活用できなかったり、スケジュールが破綻してしまったりするはずです。

ネットの記事やSNSで「時短術」「お得な豆知識」を目にしても、自分がどのように活用するかイメージが持てなければ、それは無駄な情報です。

インプットは、まずは自分の手持ちの情報を整理してからにするのがいいでしょう。

POINT
机の中身・時間の使い方、全部出して向き合う

02 「捨てない片付け」で、今あるものをわけていく

「片付け＝捨てる」と捉える方も少なくありませんが、捨てることはあくまでものの量を適正化する手段であって、片付けの目的ではありません。

ものへの愛着が強い方が、捨てる片付けを無理に強行すると、手放した寂しさから、リバウンドでの過剰な買い物・溜め込みに繋がるリスクがあります。

捨てない片付けのコツは、「使わないが捨てられないもの」に愛情の濃淡をつけ、持ちたい理由を細分化していくことです。

人がものを捨てられない理由は、愛情・思い出だけでなく、しがらみ・高価である・罪悪感・単に捨てづらいなど多岐に渡ります。

いくら捨てなくていいとはいえ、この分類を棚上げして、「とりあえず置いておく」としていたのでは、部屋はもので溢れかえり、片付けは進みません。

「カテゴリ別で愛着順を決める」「コレクション品であれば、その道に詳しい人と一緒に分類する」

など、濃淡をつけてものを管理し、愛着が薄いものはほかの人に譲ったり、データ化したりするなどで形を変えて持っておきます。

例えば応援しているアイドル・アニメなどの、推しグッズ。

ライブのたびに手に取るグッズや、家の中で飾りたいもの、反対に、単にレア度が高いからログとして残しているだけの本・DVDなどもあるはず。

掲載誌や写真はデータ化してスマホで楽しむ、大きめの衣装はリメイクしてポーチに作り替えるなど、厳選して量を減らしていきましょう。

この考え方は、時間や思考、そして人間関係においても応用できます。

「関係性を整理する」というと、どうしても0か100かで考えてしまいがちですが、無理に捨てる必要はありません。

「飲み会はすべて行かない」「友達との遊びは目標が達成されるまですべて断る」など

と割り切るのは極端すぎますし、人生が味気ないものになってしまいますよね。

とはいえ、満足度の低い予定ばかりでスケジュールを埋めてしまうと、あなたの日々はつまらないものになってしまいます。

愛着（言い換えると満足度）の濃淡を季節ごとに振り返り、愛着の高い物事・関係性こそに時間を注ぎます。

大人数の集まりは行かないけれど、会いたい人には自分から連絡して少人数で会う。
資格試験までお酒の席は断るが、その代わりにランチをお願いする。
旧交を温める月と、勉強に集中する月をわけて、予定をコントロールする。

ＬＩＮＥもテレビ通話もある今の時代、柔軟な人付き合いはいろいろとあるものです。リセットするのではなく、衣替えの要領で入れ替え、今必要がない物事とは距離を置いて過ごすようにしましょう。

POINT

持つべきか迷ったものは、愛着（満足度）の濃淡でジャッジする

03 コンプレックスを想起させるものを視界に入れない

「私はこれができていない」という課題意識は、私たちが思う以上に、集中力を蝕みます。

私がこれまで片付けをサポートした、「在宅ワークに集中できない」と悩む方の多くが、デスクに未読の本をずらりと並べていました。

作業に関係のない、苦手分野の本や教科書が視界に入るだけで、目の前の作業へのモチベーションが下がり、チャレンジ精神も失われてしまうのです。

趣味でコレクションしているものと、苦手意識から過剰に購入してしまうものは、一見区別がつきません。

なぜ集めているのか、その理由がネガティブな思いからであれば要注意。

例えば、挫折した資格試験の教科書や、使わないダイエット器具。

「もっと勉強しなくちゃ」「いつかは痩せなきゃ」という焦りから捨てられない場合も、具体的に使う予定がないのであれば、家から出すのが健全です。

また、親類や友人から譲り受けたものも、持つこと自体が重荷に感じるならば、それは思い出ではなく**「しがらみ」**でしょう。

「いつかは使うから捨てたくない……」と思った場合も、その「いつか」を「直近3ヶ月以内」と置き換えると、見方が変わるはずです。

「いつかは痩せたい」と思っても、直近3ヶ月の予定表に「自宅で器具を使ったトレーニング」を入れられなければ、今後も活用されない可能性が高いでしょう。

器具を置いている場所が無駄になるだけでなく、自宅に器具がある罪悪感から、外部のジムを契約するモチベーションも下がり、精神的な無駄にもつながります。

高価なものほど、捨てずに売りましょう。あなたがコンプレックスを感じるものほど、それをほしいと思う人の数が多く、意外と高く売れますよ。

スマホの中にも、コンプレックスを想起させるものは多く潜んでいます。

SNSを開けば、芸能人や友人の自慢話が溢れ、通販サイトでは刺激的な広告文句が並びます。ニュースサイトや動画サービスでも、芸能ゴシップやインフルエンサーの活躍などの情報が大量に流れてくるでしょう。

集中力をキープさせるコツは、とにかくコンプレックスを想起させるものを視界に入れないこと。

- SNSを頻繁に見ない（アンインストールする）
- 自分に必要なニュースだけ厳選されたサイトを選ぶ（プッシュ通知を鳴らさない）
- 動画サービスで見たくない情報を非表示にする（YouTubeのショート動画を非表示にする）

など、スマホ内をクリーンアップすることで、自己肯定感を不必要に下げる恐れがなくなります。試しに、チャットアプリであるLINEの「LINEニュース」機能を非表示にしてみましょう（LINEのホームの「設定」から、「通話」の設定にて、「通話／ニューススタブの表示」より「通話」を選択します）。

POINT

気が散らないよう、関係のないもの・情報をシャットアウトする

04

「勉強はカフェ派」なら、家をカフェ化する

「勉強はカフェでやる派」という方、私のまわりでは結構多いです。

もちろん、「外出の合間に短時間、カフェで勉強する」いう使い方であれば問題ないのですが、「家では勉強できない」という状態だと、出不精の方ほど勉強へのハードルがグッと上がって、習慣化が遠のいてしまいます。

身支度をして、荷物をまとめて、カフェまで歩き、ようやくテキストを開いたものの、カフェが混んでいたり、暑かったりうるさかったり……、と長時間は集中できず、結局店を出て、食事や買い物をして帰る。

散歩としてはいいかもしれませんが、時間対効果はあまり高いものではありません。

自宅内にカフェに代わるスペースが作れないか、ぜひ再検討してみてほしいです。

ひと部屋丸々を書斎とする必要はありません。

カフェの1席分の面積は約0.9畳で設計されているので、1畳分のパーソナルスペースがあれば同等の作業ができます。

「部屋が狭く、折りたたみ式のちゃぶ台しか作業場所がない」という方も、長時間の作業には床座は向かないため、テレビや大型家具を手放して場所を稼ぎ、小さめの机・椅子を導入するのが一番です。

テレビを手放せば、テレビ台・テレビを見るための前面のスペースを加味すると、1畳分のスペースが簡単に捻出できます。

チューナーを購入すれば、スマホ・PCからテレビが見られるようになります。コンパクトなサイズのプロジェクターに切り替えるのもいいですね。

ほかには本棚や食器棚、タンス、ソファ、エアロバイクなどの健康器具が、手放せるものの例です。

ベッドを手放し、マットレスを床に敷いて、日中は畳んでおくというのも、部屋を広くするのに有効です（我が家でもベッドは手放しています。掃除が行き届くのも気に入っています）。

家具・家電を1つ手放せば1畳分の面積は簡単に浮きますし、1畳未満でも、家族の動線・目線から外した位置にミニディスクを置けば、カフェ以上に集中できる空間が作れるでしょう。

勉強だけでなく、運動・ダイエットの習慣化にも、1畳分のスペース作りは有効な考え方です。

1畳分のスペースがあれば余裕を持ってヨガマットが引けますし、キッチンにもののない作業スペースがあれば自炊もはかどりますね。

作業スペースの確保こそが、片付けの目的であり、醍醐味です。

習慣化したい目標を見つけたら、家の外だけで完結しようとせず、家の中でも取り組めるような環境を作りましょう。

POINT

出かけずとも、自宅の「1畳のスペース」ですべて完結させる

05 机・椅子の高さを合わせ、身体に負担をかけない

本業のデスクワークに、自宅での勉強……、目標達成のためには、どうしても机に座る時間が長くなる傾向にあります。

凝り固まった姿勢で長時間作業していると、「燃え尽き症候群」を引き起こしてしまうかも。

「なんだか集中できないな」と悩む方は、意志の問題でなく、身体のコリが悪さをしているかもしれません。

あなたのご自宅の机・椅子の高さは、身体に合っているでしょうか？

多くの作業デスクが高さ70㎝で設計されていますが、これはＪＩＳ規格で定められた標準的な男性にフィットするサイズとなります。

書き仕事か、ＰＣ作業かによっても適切な高さが異なります。

家具メーカーのBauhutte《バウヒュッテ》社のHP[※1]にて、身長を入力すれば適切な机の高さを示してくれるシミュレーションツールが公開されています。

理想的には昇降デスクを購入して、書き仕事・ＰＣ作業で高さを調節し、合間にスタンディングでの作業を挟むと、身体に負担がかからず、長時間の作業が続けられますよね。

すでにデスクを持っていて、新調が難しい場合には、高さ調整のできる椅子と、足下にフットレストを置くことで調整も可能です。

「仕事のコリはマッサージに行って解消」という方も少なくないでしょう。

実際、令和2年衛生行政報告例[※2]によると、全国のマッサージ院・鍼灸院・整骨院・整体院の数は14万店舗。

コンビニの約2倍の規模があるのです！

もちろんプロの技術でコリをほぐすことで、身体の不調は改善しますが、毎日通え

るわけではないので、通院までの期間で疲労が蓄積していく形になります。

「その日のコリは、その日のうちに」ということで、1日5分でも自力のヨガ・ストレッチでほぐせるといいですね。

「身体が硬いのでヨガは苦手」という方も、YouTubeで検索すれば、さまざまな難易度のヨガが出てきます（私が毎日利用しているのは**「B-life」**というサイトです）。

ヨガマット1枚分の空きスペースを作れれば、部屋が狭くても大丈夫。

ぜひ自力での身体ほぐしも身につけましょう。

POINT

身体の疲れを溜めにくい環境を作り、自宅&自力で解消させる

※1 https://www.bauhutte.jp/bauhutte-life/tip2/

※2 https://www.mhlw.go.jp/toukei/saikin/hw/eisei/20/dl/kekka3.pdf

06

「じぶんルーティン」を決める

片付いた部屋をキープするためには、「毎日完璧に綺麗」を目指すのではなく、1週間の中で帳尻を合わせることを推奨しています。

例えば「片付け・掃除するのは水曜の夜と日曜の午前だけ」などと、**習い事のように曜日を決めてしまい、あえてそれ以外の曜日は3分以内に終わることしかやらないようにすることで、仕事で多忙な週も無理なく片付けを習慣化できます。**

忙しい平日に3分で片付けを終えるコツとしては、**「動線の工夫」**と、**「ちょい置きカゴの設置」**です。

使用頻度の高いものが、動線上にさっと手に届く場所に集約されていれば、無理なく出し戻しできますよね。

例えば毎日使う眼鏡に定位置がなければ必ず出しっぱなしになりますし、頻繁に着るジャケットが季節外の服に挟まれていては、掻き分けて探すのに疲弊します。

頻度の高いものほど動線の近くに置き、頻度の低いものは押し入れにしまうなどの、目・手に届かない場所に集約されているのが理想です。

それでも日常生活の中では、使用頻度の低いものを使うこともありますよね。

平日の忙しい朝、会社の提出書類や、久々に着る洋服を探して、せっかく片付いた部屋を大いに散らかしてしまった経験はないでしょうか。

忙しい平日に「出したものすべてを、元の正しい場所に戻す」のはハードルが高いので、突発的に散らかしてしまったもの・戻すのが億劫なものをちょい置きできるカゴ(ちょい置きカゴ)があるといいですね。

カゴの中身は週1ペースで空にしていきます。

「どんなに忙しい週で部屋がめちゃくちゃになっても、日曜にリセットできれば気にしない」というルールにすれば、無理なく継続ができます。


時間の使い方も、「日」「週」の中でマイルールを決めておき、習い事のようにこなすことで、自然と理想の過ごし方を実現できるでしょう。

例えば私自身は、週末のうち1日は、副業の執筆作業や、目標達成のための勉強に充て、残り1日は家族・友人と遊んだり、趣味の時間としています。

平日夜は仕事で頭が疲れているので、家事や、副業のメール返信・精算などの簡単な作業に充てます。

週末両方ともに予定を入れたり、平日が残業・飲み会ばかりだったりすると、しわ寄せが来て、勉強・作業時間が削られてしまうので、予定のコントロールが必要です。

例えば今月は**「新企画の構想を練る」**という目標があった場合、月のはじめに、**「〇〇さんにインタビューをする」「図書館で類書を読む」**など、あらかじめスケジュールに組み入れてしまうようにします。

時間帯や曜日ごとにも、自分なりのルールを持つことが有効です。

例えば、私の場合、午前中は頭がスッキリしているので、Excelでの計算や契約書の確認がはかどりますが、発散的に物事を考えたい企画系の内容は、頭がごちゃごちゃしている夜のほうがはかどります。

また週初めの月曜は仕事へのモチベーションが高く、処理系のタスクがどんどん進みますが、金曜になると飽きて新しいことに取り組みたくなります。

- 午前中の打ち合せをなるべくブロックする
- 新規取り組みの打ち合わせをなるべく金曜に入れる

など、コントロールできる範囲で、スケジュールを合わせにいきましょう。

周囲にあらかじめ、「この曜日はこれをやる」と宣言するのもいいですね。

毎日同じルーティンを繰り返していると飽きてしまうという人も、自分の傾向に合わせて週単位でルーティンを組めば、新鮮な気持ちで取り組めるでしょう。

POINT

片付け・勉強は曜日を固定させ、時間帯で作業内容をわけて飽きさせない

COLUMN 01

目標がぼやけているときに、私がやったこと

「外国の人と英語で話せるようになりたい」

「FIREしたい」

「世界一周旅行がしたい」

など、年始や年度始めには次々と目標が思いつくものですが、目標があまりに漠然としていると、三日坊主どころか、なんの一歩も踏み出せないということもあります。

目標を立てるにあたって重視したいのが、日次・月次・年次の区切りまで、やるべきことを具体的に掘り下げることです。

自力での掘り下げが難しい場合には、有識者の力を借りるのが有効です。

私は新卒で住友商事に入社しましたが、入社以来、「数字に弱い」ことがコンプレッ

クスでした。

Excelでの試算にミスが多いことを見て、上司から**「数字に弱い経営者は1人もいない」**と注意され、それ以来、**「数字に強くなりたい」**という目標を立てていました。

この目標は、今考えると非常に漠然としていたのですが、当時の私は目についた会計やファイナンスの本を買っては積読し、週末のたびに勉強が進まないことに落ち込み、気まぐれで簿記を受けては落ちる、という悪循環に陥っていました。

そんな状態が5年ほど続き、いよいよ危機感を感じて、平日夜間で通えるMBAに入学することを決めたのです。

MBAに入学してからは、非常に目標を立てやすくなりました。

「ファイナンス基礎と会計基礎の単位を取り、日々の業務で役立つ知識を持ち帰って、会社で発表する」と、ようやく具体化できたのです。

日次、月次で細かく目標を立て、それをこなしていく。

2年の修士期間を経て、もともと抱いていたコンプレックスはなくなり、強みと言える分野も出てきました。

異業種に転職した今も、ＭＢＡで得た自信が大いに活きています。

このまま「数字に強くなる」という目標を独力で掲げ続けていれば、何年経っても苦手は克服できず、コンプレックス意識はより強まったことと思います。

「私は数字が苦手」という先入観から、知識的にはできることでも、挑戦を避けたり、ミスをしてしまったりすることもありました。

それに、目標に向けて何も前進できず、せっかくの週末を後悔して過ごすこともありました。

先生や級友の力を借りて、目標がクリアになりましたし、ＭＢＡにかけた時間全体が私の成功体験になっています。

01

平日、くたくたな夜

平日、仕事でくたくたな状態で帰宅。

「もう何もしたくない」というときも、「ながら作業」でインプットをしましょう。

勉強以外でも、テレビを見ながらストレッチ、髪を乾かしながら・歯磨きをしながらスクワットなど、すべての行動を「ながら」にするのがおすすめです。


【寝転がりながら】

- □YouTube での学習動画を観る（英会話、会計、宅建、心理学など。分野は多岐に渡ります）
- □動画配信サービスを観る（海外ドラマを英語の字幕で観る、テレビ東京の「テレ東BIZ」「ワールドビジネスサテライト」など経済番組をチェック）
- □学習アプリを観る（「スタディサプリ」「STUDYing」「キクタンシリーズ」など、有料のもの

を購入）

□授業・研修の録画動画を観る（zoom の録画をスマホから観る）

【皿を洗いながら、荷物を片付けながら】

□皿を洗いながら、英語のシャドウイングをする（YouTube で「シャドウイング」を検索）

□煮込み料理をしながら発信活動をする（私の Voicy は煮込み料理中のものが多いです）

□荷物を片付けながら、耳で読書をする（audiobook、YouTube の本要約系チャンネルなど）

【お風呂に入りながら】

□防水の kindle や、文庫本を持ち込んで読書をする

□原稿を印刷して持ち込んで、明日のプレゼンの読み上げ・予行演習をする

□ジッパー式ポリ袋にスマホを入れて、資料を見ながらブレストをし、メモアプリに記録する

STEP

2

思考・時間を整える

——やるべきことだけに集中し、無理なく習慣化する

STORY 02 集中力が続かない……

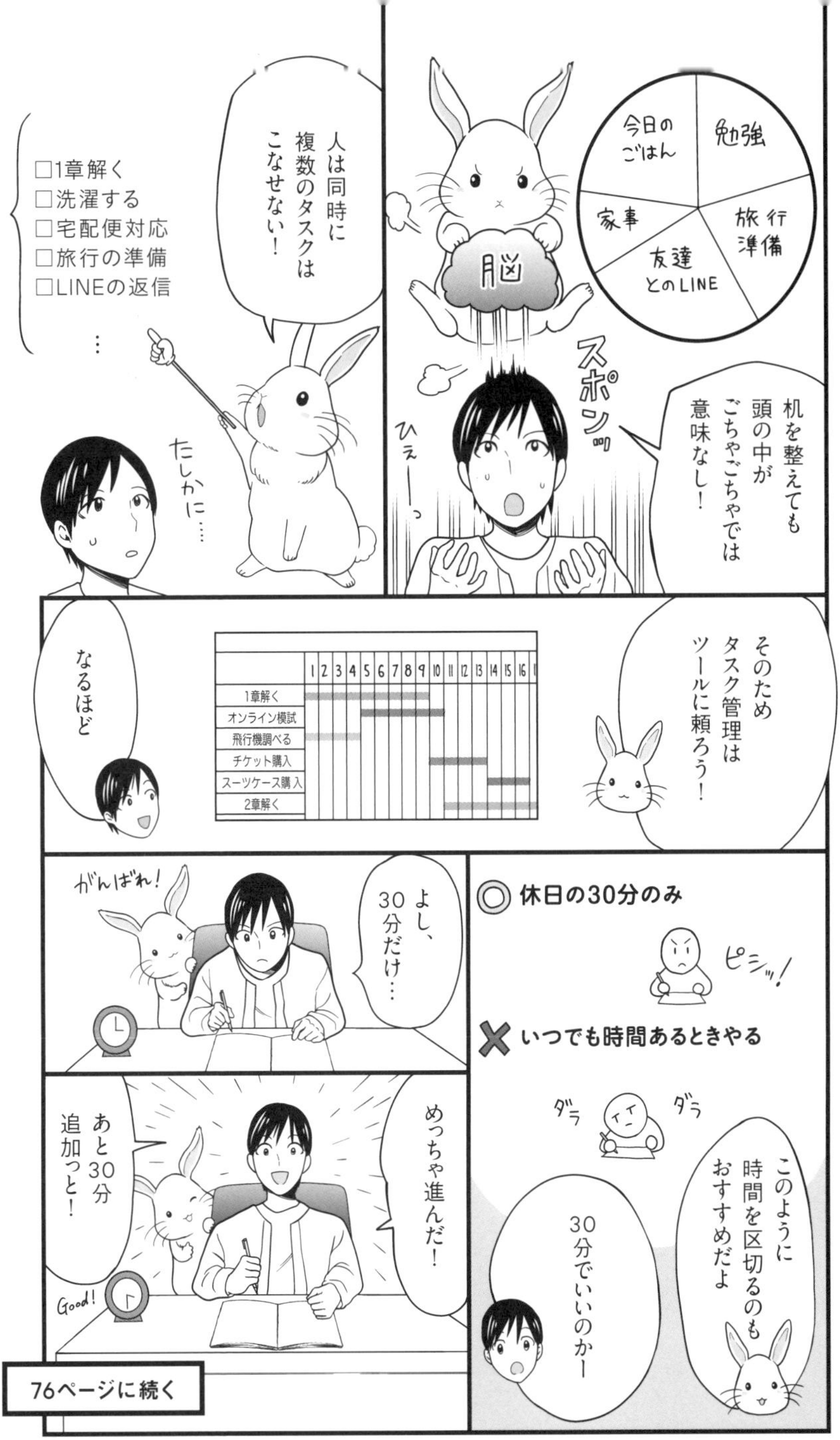
今日のごはん
勉強
家事
旅行準備
友達とのLINE
脳
スポンッ
机を整えても頭の中がごちゃごちゃでは意味なし！
ひぇーっ
人は同時に複数のタスクはこなせない！
□1章解く
□洗濯する
□宅配便対応
□旅行の準備
□LINEの返信
…
たしかに…
そのためタスク管理はツールに頼ろう！
1 2 3 4 5 6 7 8 9 10 11 12 13 14 15 16
1章解く
オンライン模試
飛行機調べる
チケット購入
スーツケース購入
2章解く
なるほど
◎ 休日の30分のみ
ピシッ！
✕ いつでも時間あるときやる
ダラ ダラ
このように時間を区切るのもおすすめだよ
30分でいいのかー
よし、30分だけ…
がんばれ！
めっちゃ進んだ！
あと30分追加っと！
Good!

76ページに続く

07

「あればあるほどいい」という思考をやめる

「限界効用逓減《ていげん》の法則」とは、ミクロ経済学の消費者理論で用いられる概念で、**「消費財1つ増えるごとに1つあたりの満足度が徐々に減少していく」**ということを表しています。

代表例としては、**「1杯目のビールはおいしい」**として説明されることが多いです。

1杯目のビールと、すでに5杯飲んだ上での6杯目のビールは、同じ1杯でもおいしく感じる度合いが異なりますよね。

ものも時間も思考も、「あればあるだけいい」ということはなく、その時々に応じて適正量があります。

書斎の片付けを例に考えていきましょう。

例えば書きやすい黒ペンがあったとして、書斎のペン立てに10本置いてあっても、自分1人が同時に使えるのは1本なので、意味はありません（むしろ、ほかの文具が取り出しにくくなるので、ないほうがマシ、ですね）。

一方で、10本の黒ペンを、書斎に1本、キッチンに1本、玄関に1本、鞄に1本、ストック6本を押し入れになど、最適な位置に配置すれば、その価値をフル活用できたことになります。

最適な活用イメージが持てないものは、空間を邪魔するという観点で**「ないほうがマシ」**と捉え、買わない・もらわないよう注意して生活したいものです（防災用のストック備蓄の目安量は2週間分。それを超えるストックは買いすぎなので手放して！）。

部屋の空間と同じく、私たちの時間・頭の中もすべて有限です。

よく、「知っておいて損はない」「頭の片隅にだけ入れておいて」という表現を耳にするのですが、私は大いに違和感を抱きます。

活用機会がなければ、頭に入れていること自体、脳の容量で損しているのです。

部屋・時間・頭の中を、「なんとなくお得なもの」で埋めようとしていませんか？

例えば毎日、暇つぶしで芸能ニュースや噂話を見ていたら、知らずに頭の中が無駄な情報で溢れ、目標達成のために考え事をするスペースがなくなってしまいます。

メイク術や料理法など、一見有益な情報も、近々で活用できる予定がなければ同じく無駄な情報です。

得られる情報の質と失う時間が見合わなければ、それは時間の浪費でしょう。

情報は入り口の段階での厳選が肝要です。

「何か得するかも」と期待をしてあれこれ情報収集するのは止め、目標達成に関係のない新情報は一旦遮断をしてみることです。

悩み事やネガティブな感情は外に吐き出して、向き合うべきことに向き合うために、頭の中を整頓していきましょう。

もの・時間についても、活用イメージが持てないならば今すぐ手放して、空間を空けていきます。あれやこれやと手を伸ばしていては、何も実現できぬまま、あっという間に時が経ってしまいます。

POINT

ものも時間も情報も、自分に本当に必要なのかを考える

08
「ゼロ」を作って集中力を高める

「余計なものが何もない部屋は、集中できる」ということに異存がある人はいないでしょう。

ホテルや自習室のように無駄なものが何もない環境と、趣味のものや書類に囲まれた自宅の机では、仕事に取り掛かる際のモチベーションもまた変わります。

学生時代、試験勉強に追い込まれると、つい部屋の片付けをしてしまったというのも、視界に入るものが集中を阻害しているからこその行動ですよね。

デスクは荷物の保管場所ではなく、作業台です。

作業のために自由に使える「ゼロ」のスペースが広ければ広いほど、作業への集中度合いもアップします。

意識的にゼロを作るべきは、部屋だけでなく、思考においても同じことが言えます。

せっかく机の上が片付いていても、頭の中がたくさんのことでいっぱいになっているならば、目の前の作業に集中できないでしょう。

特に集中の大敵なのが、未完了のTo Doです。

「明日までにクリーニングに行かなくちゃ」
「電気料金を払わないと」
「運動不足だから走りに行かないと」
「そういえば仕事の書類で未提出のものがあったな」

など、作業に集中したいときに限って、ほかのタスクが頭に浮かんできます。

これはすべてのタスクを頭の中で管理していることで起こる弊害で、タスク管理ツールや手帳など、頭の外で管理する術を身につける必要があります。

「付箋に書く」「大きな文字で書いて壁に貼る」など、物理的に見せて管理する方法だと、文字が目に入ることで集中の邪魔になったり、逆にいざ思い出したい頃には見慣れていて忘れてしまうこともあります。

集中している時間には目に見えない形で、管理できるツールがいいでしょう。

特定の期日が近づいたらリマインドされる機能もあるとベストですが、ノートで管理している方の場合も、スケジューラー・予定表と併用すれば大丈夫です。具体的なツールは55ページで紹介します。

予定を立てるにも**「ゼロ」**の余白が必要です。

ここ2週間のご自身のスケジュールを見直してみましょう。

仕事での残業や、人と長時間会う約束など、余白なくスケジュールを詰め込んでしまうと、1つひとつの作業に集中できなくなり、目標達成は遠のいてしまいます。

目の前の物事に集中できないということが続いたら、予定表にゼロの時間を意識的に入れてみましょう。

目標に対して集中力を持続させ、しっかり休んで休息を取るための時間の単位としては、**「半日分」**のゼロを作ることがおすすめです。

ここでいうゼロは、全く予定がないことを指します。

友達とごはんを食べている時間や、ネイルサロンに行っている時間はゼロではありません。

自分の意志次第で、何に使ってもいい時間を指します。

短すぎては前後の予定の影響を受けやすいですし、逆に1日以上の休みが手に入るとレジャーへの欲が出てしまいます。

土日を4分の1のブロックに区切り、**「休息／家事／目標達成／人との交流」**の4要素を当てはめてみましょう。

例えば、週末をこのような4ブロックにわけます。

①土曜午前＝**【目標達成】**英語の課題に取り組む

②土曜午後＝**【家事&休息】**掃除後、洋服をクリーニングに出して、散歩する

③日曜午前＝**【交流】**大学時代の友人とブランチ

④日曜午後＝**【目標達成】**仕事の新規プロジェクトのため、読書する

ぜひあなたも、土日の過ごし方を見直してみてください。

POINT

作業と作業の間に「何もしない時間」を作る

09 細々とした雑務は、リマインド機能に頼る

タスク管理ツールには載せづらいような、日常の細かい家事・雑務もあるでしょう。「水曜・金曜はゴミの日」「今日の帰りにトイレットペーパーを買ってくる」など、突発的な細かいタスクも、頭で管理せずに、ツールに頼ります。

「いや、わざわざそんな小さなことまでメモするのも面倒だよ……」と思うかもしれませんが、1日の仕事中、頭の片隅でトイレットペーパーのことを覚え続けるのは大変非効率です。

「覚えるため」ではなく、「忘れるため」に、ツールの力を借りましょう。

ここで紙ではなくデジタルツールに頼る理由としては、開く頻度が明らかに多いことです。PR TIMES※の調査によると、10代～60代のスマホの持ち上げ（暗転からの立ち上げ）回数は1日平均で56回。どんなにマメな人でも、紙の手帳を1日50回も開い

たりしないですよね。

「18時に宅配便が来る」「仕事帰りにクリーニングのピックアップを忘れない」などのメモ書きを、帰宅後、時間があるときに思い出しても意味がないので、リアルタイムに触れるスマホに仕込みます。

リマインドツールとして一番私が気に入っているのが、ＬＩＮＥの「リマインくん」です。

特定の日時を指定すれば、その時間帯に、登録した内容を、ＬＩＮＥの通知でお知らせしてくれます。

ＬＩＮＥであれば頻繁にチェックしていますし、自分からリストを見に行かなくても、受動的に通知が受け取れるのが何より便利なポイントです。

例えば、

「毎週火曜の7時にゴミ出し」

「今日の18時30分にトイレットペーパーを買う」

などの指示をしておけば、指定の時間にリマインドしてくれます。

また、**「14時に水道業者が来る」**など、時刻が明確な事柄であれば、時計機能のア

些細なことほど、お知らせ機能に頼って、雑事に気を取らせない

【LINE機能「リマインくん」の場合】

私：15時半に「レッスン予約」

リマインくん：わかりました！

15時半になったら……

リマインくん：レッスンの予約だよ！すぐやる！

私：あ、忘れてた、ありがと！

こうして「集中できる状態」を作り出す。

ラームでお知らせすることも可能ですが、

「帰り道にトイレットペーパーを買う」
「そろそろ、ふるさと納税を注文する」

など、対象時刻がふんわりとしていたり、通知を何度もスヌーズ（時間を置いて再度通知すること）したいものは、アラーム機能では管理しきれませんので、「リマインくん」が便利です。

外出先や電車の車内で、音が鳴らないのも安心です。

また、家族とのLINEグループに「リマインくん」を招待することで、自分だけでなく家族にリマインド通知をすることもできます。

忘れっぽいパートナーに、買い物やゴミ

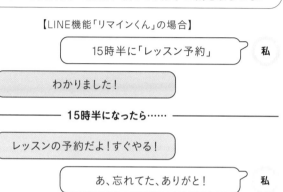

出しのお願いをするのにも便利ですね。

アナログな方法としては、冷蔵庫の壁面などにホワイトボードを設置し、そこを家事のタスク管理板とすることもできます。

在宅ワークや家での勉強で、「気になってつい家事をやってしまう」という声が非常に多いですが、今やるのではなく、**「一旦ホワイトボードにタスクを記入して、仕事が終わったらやる」**という形でワンクッション置くことで、目の前の作業が中断されずにすむでしょう。

スマホを持たないお子さんやお年寄りの家族とも、ホワイトボードであればTo Doを共有できますね。

※ https://prtimes.jp/main/html/rd/p/000001076.000000112.html

POINT

どこかに書いておいて、一旦、わざと忘れる

10 「捨てる会議」で、無駄なことを終わらせる

無駄に長い会議、儀式的で中身のないやりとりなど、「業務上の無駄を減らそう！」という取り組みは各社で鋭意おこなわれていると思います。

これを個人や家庭で、半年に一度、おこなっていくのです。

「やってみたいこと」を書き出す機会はあれども、**「やらなくてよさそうなこと」**を書き出す機会は、日常生活でそこまでないですよね。

まずは個人で、**「この時間、無駄だったな……」**と後悔しているものをノートやメモアプリに書き出すのです。

「1人の時間にまつわるもの」「仕事にまつわるもの」「人とのイベントにまつわるもの」など、ジャンルごとに書き出していきます。

スケジュール帳や、スマホの使用履歴を見ながら書き出していくと、意外と捨てて

もよかったなと思える時間があるのではないでしょうか。**ネット上では時短術は溢れていますが、ここで目指すのは時短ではなく、そもそも終了すること。**

一生やらない、と腹をくくる必要はなく、頻度を減らすだけでも十分です。例えば**「目的のない職場の飲み会への参加を、3分の1に減らす」**など、具体的に頻度を設定して、まずは半年間を目安に試してみましょう。

所要時間の長いイベントは、(主宰者に迷惑のかからない範囲で)一部だけの出席とさせてもらうのも手です。

「みんなと久しぶりに会いたいけれど、予定が詰まっていて体調が心配……」という場合、手土産と共に顔だけ出す、というのもいいですね。

1人の時間でも、さまざまな**「待ち時間」**に無駄が潜んでいます。

買い物、通院、飲食店の利用は漫然とおこなっていると、知らずの内に時間を消費してしまうので、アプリ・WEBで事前予約できるものはないか、オンライン完結ですませられないか、動線を工夫できないかなど、外出前にチェックするようにしましょう。

定期的な「捨てる会議」がおすすめ

1人の時間にまつわるもの

10分に1回、SNSのチェックをしてしまう／
テレビを見ながら寝落ち／コンビニでの衝動買い

仕事にまつわるもの

紙の出力作業／情報共有を聞いているだけの長い会議

人とのイベントにまつわるもの

帰ると言わない限り終わらない飲み会／付き合いで行く二次会

見直すことで、時間が生まれる→「本当に大事なこと」に時間を使える!

これらの時間が余白となれば、目標達成に使える時間が自動的に増えることとなります。

同じ要領で、家族間でも、なくせる家事や風習について会話をしてみましょう。

手間がかかっているが家族で誰も気づいていない家事、人が多くて気疲れしてしまう外出先などを見つけたら、代替案を話し合っていきます。

「捨てること決め」は、衣替えの季節にやるのがいいでしょう。

衣類の衣替えは年2回、6月と10月におこなわれます。

衣類以外のものの見直しも、同じく年2

回の頻度で、おこなうのがおすすめです。

例えば書籍も、自分の中で読みたい本の「旬」があるでしょう。

本棚に何年も入れっぱなしにしていては、埃も溜まり、読書のモチベーションも下がってしまいます。

時間と共に溜まりがちな書類や思い出のグッズ類も、定期的に全部出してみるのが大事です。

時間についての捨てる会議、持ち物についての捨てる会議をセットでおこなって、季節ごとに軽くしていきましょう。

POINT

無意識の無駄を手放せば、必要なものが入ってくる

11 スマホの娯楽は耳だけで楽しむ

さて、前項の**「捨てる会議」**で、多くの方が**「スマホを見る時間を減らしたい」**と考えたのではないでしょうか。

MMD研究所※の調査によると、15～69歳の男女559人のうち、約7割がスマホ依存の自覚があるとのことで、多くの方が**「自分はスマホの見すぎだ」**と考えていることがわかります。

とはいえ、今の時代、スマホと距離を置くのは、相当な強い意志が必要とされているように思います。

「スマホの充電をリビングでおこない、寝室にスマホを持ち込まない」という方法もよく言われていますが、睡眠計測アプリやアラーム、リラックス音楽の再生など、寝る前後でも何かと便利なスマホ、ついつい寝室に持ち込んでしまう方も多いのではと思います。

そこで、スマホを使う上で個人的に大切にしているのが、「目ではなく耳で楽しむ」ということです。

仕事、勉強、読書など、目標達成のほとんどが目を駆使する活動であるため、隙間時間のスマホ使用でも目を中心で使うと、明らかに酷使しすぎではと感じます。

耳で楽しめる娯楽はいろいろとあり、トーク中心のバラエティ番組やラジオ番組を流しながら、手元では細々したものを片付けたり、料理をしたりします。

私自身は最近、スマホの画面を、あえて白黒に設定してしまい、音以外のコンテンツを見えにくくしています（iPhoneでは「設定」内「アクセシビリティ」の「画面表示とテキストサイズ」の「カラーフィルタ」から簡単に調整ができます。Androidでは、「設定」内の「Digital Wellbeingと保護者による使用制限」で「おやすみ時間モード」から「カスタマイズ」の「おやすみ時間の画面オプション」より「グレースケール」にします）。

白黒の画面ではSNSやネットサーフィンをする気にならないので、依存を治したい方はお試しください（趣味がお笑い鑑賞なこともあり、音だけ聞こえれば全く問題ありません）。

依存症の判断には明確な基準がないそうですが、精神科医であるゆうきゆう企画・原案／ソウ著『マンガで分かる心療内科 依存症編（酒・タバコ・薬物）』（少年画報社刊）によると、**「自分の子供が同じことをした場合、応援するかどうか」**が、依存の判断の目安となるとのことです。

この軸は大変わかりやすいなと思いまして、例えば同じ時間だけゲームをしているでも、漫然と目的なくスマホゲームに課金している場合と、コンピュータゲームやビデオゲームでおこなうeスポーツの大会に向けて鍛錬している場合では、見方も変わりそうですね。

POINT

スマホの娯楽は「耳」で楽しむだけにする

※ https://mmdlabo.jp/investigation/detail_2131.html

12 迷いは先達の力を借りて棚卸しする

「持ち物・頭の中・時間、すべての物事の定期的な可視化が重要」というお話をしてきましたが、仕事や勉強に関するモヤモヤや迷いについても、早めに棚卸しをしていきたいものです。

「この勉強をしていて意味はあるのかな?」

「本当に今の仕事を続けていていいのかな?」

など、誰もが少なからず悩みはあると思いますが、疑念が強いままに仕事・勉強を続けていても、吸収効率が下がってしまいます。

「理由はわからないがモヤモヤする」という場合も含めて、気持ちよく努力できるよう、先達の力を借りて環境作りをしていきましょう。

仕事に関する疑問であれば、社内の先輩に相談するのがいいですが、キャリア全般に関する悩みや、自主的におこなっている勉強・資格取得については、社内に相談相手を探すより、社外で経験者を探すほうが効果的です。

語学学習や資格取得、MBA入学などの疑問点は、まずは学校・予備校の開く無料相談会に参加するのがいいでしょう。

キャリアについては、転職する気がない段階でも、エージェントに話を聞く部分は無料でできますし、本格的なコーチングを希望するのであれば、プロコーチがいるサービスを利用してみるのもいいでしょう。

「心療内科に通院するほどではないが、恋愛や家族関係の相談に乗ってほしい」「雑談のようにおしゃべりしながら目標を立てたい」、こういったお悩みには、個人間スキルマーケットの**「ココナラ」**を利用してみるのも一手です。

「ココナラ」でWeb検索すると、ホームページがヒットします。

「ココナラ」はさまざまなジャンルのプロが仕事・相談を出品しており、**「30分」「1時間」**といった短い時間の単位から相談ができるのが特徴です。

個人間でのマッチングになるため、クリニックや事業者の提供するものによって品質にはばらつきがありますが、オンライン完結で**「とりあえず話したい」**という際には有効なツールです。

私も転職準備の際に、模擬面接を「ココナラ」で依頼したことがあります。非常に幅広いジャンルで悩み事の解決ができる印象を持ちました。

便利なサービスが多く存在する今だからこそ、多少のお金を支払ってでも、モヤモヤや迷いは早めに解決するのがいいでしょう。

POINT

モヤモヤで減速してきたら、その道のプロに相談する

13 年に1回は「本番」の機会を作る

「時間があるときに、できる範囲で学ぼう」というスタイルだと、忙しい日々の中で、目標達成の優先順位は下がっていってしまいます。

最低限、年に1回は、「この日が本番」という日を意識的に設けて、本番に向けて帳尻を合わせる形で努力すると、モチベーション維持に繋がります。

資格試験、勉強、運動、美容・健康、各分野での頑張りたいことに対して、**「本番」**の機会を設けるのです。

年始に目標を立てる際は、本番の機会の予約もセットでおこなうと万全ですよね。

例えば「健康のためにランニングする」という目標を立てた場合。本番の機会としてマラソン大会を先に申し込めば、練習をさぼるわけにはいかなくなりますよね。

身体作りの観点から、直前期は**「フルマラソンの日が近いから、飲酒はパスで」**と管理がしやすくなりますし、家族や職場にも説明がしやすくなります。

本番に対して**「失敗すると、もったいない」**と緊張感を持てるよう、ある程度のお金を支払ったり、人を巻き込んだりしていきましょう。

「本番を設定し、本番までの期間で練習を重ね、最大の実力を発揮できるように調整する」という流れは、勝ち癖をつけるためにも、ためになるプロセスです。

資格試験、仕事のプレゼン、友人の結婚式でスピーチをするなど、公使問わず、本番直前の過ごし方・帳尻の合わせ方には類似性があります。

緊張する機会を意図的に設けることで、目標達成のモチベーションが上がるだけでなく、**「本番自体に慣れる」**という副次的効果もあるので一石二鳥。

人生に張り合いを持たせる意味でも、ぜひ意識的に設定してみましょう。

POINT

リミットを設けることでゴールに邁進できる

COLUMN 02

目標はキャッチコピーをつけて、周囲に宣伝する

目標を立てても、自分のノートにひっそり書いておくだけでは、危機感が持てなかったり、自分自身でも目標を忘れてしまったりするものです。

わかりやすい言葉に直して周囲に宣伝することで、**「言ったからには、もうあとに引けない……」**という状態を作ることができます。

スマホの待ち受け画面や、手帳の1ページ目など、よく目に触れる場所に目標を書いておくのもいいですね。

他人に見られるのが恥ずかしい場合も、リマインドツールで毎週月曜に通知させる、テレビのリモコンの裏に貼るなど、自分だけが目に触れやすい場所にこっそりと忍ばせます。

「TOEIC800点を取りたい」

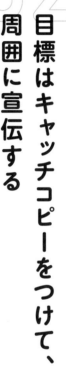

「5kg痩せたい」

など、数字を含んだ具体的な目標を立てるのも大事ですが、裏テーマとして、感情に訴える切実なキャッチコピーを作っておくと、挫折しそうになったときの歯止めとして役立ちます。

「TOEIC800点で、英語を使った仕事を上司から任されるようになる」

「マイナス5kgで、リーバイスのジーンズが履きこなせるシルエットになる」

こんな感じでしょうか?

ここからみなさんの大喜利力で、自由に作ってみてください(笑)。

私自身の例で言うと、もともと脚本家の祖父に憧れていたのもあって、「舞台脚本を書くように仕事をする」というのが大きなテーマになっています。

前職でおこなっていたベンチャー投資の仕事も、今関わっているまちづくりの仕事も、大きな意味では「ドラマ」があります。

毎年の目標を立てる際も、「それはドラマとして面白いのか?」という基準で、目標を精査しています。

また、整理収納アドバイザーとして発信活動をおこなうにあたっての裏テーマは、**「1億人を、整える」**というものです。

捨てる片付けが主流である中で、ミニマルに暮らせる成功者と、捨てることに挫折して、ものをため込む者の差が開きつつあります。

私は捨てられない人に寄り添い、誰も見捨てない片付け方を広めたい。

そして家の片付けに留まらず、頭の中や時間の整え方を広めていきたい、という思いで活動をしています。

ここで公に宣言してしまいましたので、発信力の強化、今後も頑張って参りたいと思います……。

02

ちょっとした待ち時間

隙間時間を、漫然とSNSを見て過ごすのか、目標達成のために有意義に使うかで、大きく差が開きます。

【病院の待合室や電車内で座っているとき】

□学習アプリで一問一答クイズに取り組む

□kindleで短編小説やビジネス書を読む

【飲食店など、騒がしい場所で待っているとき】

□Google Scholarで、気になっていることの先行研究・論文を検索する

STEP

3

情報を整える

——ツールに頼って体系的に管理し、確実にモノにする

STORY 03　資料や教材を管理できない……

翌日
作業のとき このファイルを 参考にしてみて
わかり ました!
参考になりそうな 資料のリンクを送ったよ
助かるわー
仕事が 早い!
……ってことで会社でも 褒められまして…
パチ
パチ パチ
情報さえ 整理されていれば インプットはどんな形で 作ってもいい
たしかに そうか
これなら できる!
お風呂で動画で 学んだり
散歩や体操 しながら単語を 覚えたり
ソファに食後に 寝転がって 英語を聞いたり
料理中 でもいいね
relocation
机に向かうのは 最小限の アウトプットの ときだけでいいよ

118ページに続く

14 何に時間を使っているのか、「見える化」する

部屋の片付けのスタートは**「全部出す」**ことから始まります。

文字通り、全部の荷物を、出すのです。棚に入っている本も、タンスに入っている服も、とにかく全部出して、１点ずつ手に取ります。

ここでポイントなのが、出している最中に考え込まないこと。

棚から本を取りながら、「これはどんな話だったかな」と読み始めていては、整理は一向に進みません。

まずは頭を使わずに、ロボットのように、機械的に出すことだけに集中するのです。

これを時間管理にも応用しましょう。

自分が何に時間を使ったのか、可視化が必要です。

「１週間の過ごし方をノートに書き出す」という方法が王道ですが、面倒くさがりの

時間は、こうして生み出す

何に時間を使ったのかを知り、
どこで時間を有効活用できるか
考えよう

**どんなことに
スマホを使っている？**

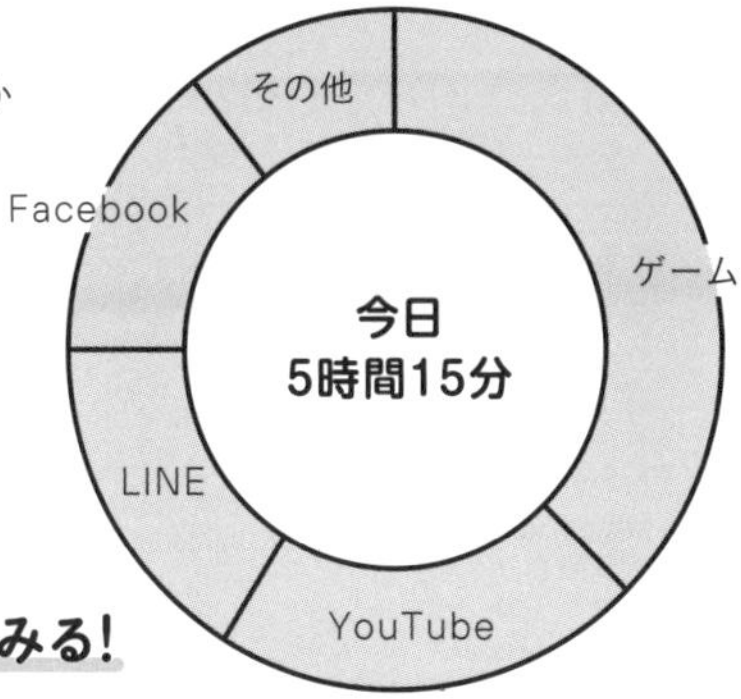

**スマホ使用時間を
25%カットして、
その分、勉強に充ててみる！**

**ついつい手が伸びるSNS/動画/ゲーム…
目標達成のために一度アンインストールしてみよう！**

方は、複数のアプリ・Webサービスを組み合わせ、日常の中で自動的に測定していきましょう。

まずは自由時間の多くを占めるスマホの利用時間。

iPhoneユーザーであれば「設定」内にある**「スクリーンタイム」**をオンにし、Androidユーザーであれば「設定」内にある**「Digital Wellbeingと保護者による使用制限」**から見ることができます。

スクリーンタイムとは、1日のスマホの使用時間がアプリ別にグラフで表示されるもの。

私自身、過去にスクリーンタイムの計測を始めたことで、休日のX（旧Twitter）の利

アプリやデバイスを活用してみよう

睡眠計測アプリ	スマホを枕の横に置いておくだけで呼吸や体の動きをセンサーが感知して睡眠を計測してくれる(主なアプリ:「熟睡アラーム」「Sleep AS Android」など)
ポモドーロ・テクニック	「25分集中、5分休憩、25分集中、5分休憩…」のリズムをタイマーで知らせてくれるアプリ。PCでも対応。
スマートウォッチ	ランニングやウォーキングの歩数・距離を測ることができる腕時計型の端末。スマホと連携。
活動量計	健康管理に特化したアイテム。スマホとの連携はないが、心拍数・ストレス数値もわかる。

「自分の健康状態」を計測して、勉強の環境作りに生かす!

用時間が1日2時間を超えていたことが判明しました。

スマホからX(旧Twitter)をアンインストールし、PCからしかアクセスできないようにしたことで、今では1週間で15分程度の利用に留まっています。

睡眠時間の計測には**「睡眠計測アプリ」**、勉強時間の計測には**「ポモドーロ・テクニック」**。

多くのスマホアプリがあるので、それぞれ検索をしてみてください。

運動習慣をつけたい方はスマートウォッチや活動量計で、まとめて測ることもできます。

人との予定を管理する手帳・スケジューラーと見比べて、月ごとに満足度を分析します。

例えば、

「1週目は飲み会が続いたので睡眠と勉強時間が減った」

「2週目は仕事のストレスからスマホの利用時間が増え、運動が減った」

といった具合です。

精度高く分析をするためにも、日頃から何に時間を使ったか、無理のない形で測定できるようにしましょう。

POINT

スマホアプリで「思わぬ利用時間」を測定する

15 明日やることを寝る前に決めておく

頭の中をゼロにし、目の前の作業（勉強、読書など）に集中するためには、To Do管理は欠かせません。

デジタルツールと紙のノートを併用して、今日思い出したいことだけを思い出せる仕組みを作りましょう。

まずはデジタルツールで全体を管理します。

管理したいプロジェクトが複雑に入り組んでいる場合は、単なるチェックリストでは不充分。

タスクを**「進行中」「未着手」「完了」**など、進捗のステータスごとに分類するカンバン方式で目標管理ができるツールのTrelloや、Googleスプレッドシートで表を作るのが便利です。

同僚や家族と共同で管理する場合にも活用できますね。

例えば私は、MBAの在学中は、さまざまな科目の宿題や事務手続きなどが大量に発生し、ノートや付箋では管理しきれないと感じたため、Trelloでやることを1件ずつ「タスク」として記入し、締め切りごとに分類しながら管理をしました。

結婚式や引越しなど大きなライフイベントの際には、Googleスプレッドシートで、やること・担当者・やる時期を表にして、家族で共有していました。

「今年の11月に、簿記2級に合格する」という個人目標を立てた場合、一口に**「勉強」**といっても、参考書を読む、問題集を解く、過去問を解く、模試を受けるなど、さまざまなプロセスがありますよね。

科目も商業簿記・工業簿記にわかれているので、それぞれ時間を取るのが必要ですし、通塾するか、動画教材を購入するかなどの学習方法の比較検討や、試験自体への申込みの事務手続きなど、関連する事務タスクも存在します。

カレンダーに「土日に簿記をやる」と書き込んでいても、ざっくりとしすぎていて、やる気がなくなってしまうでしょう。

例えば11月の試験に向けて、

- 1月は学習方法の比較検討
- 2月にテキスト購入・動画教材の視聴開始
- 3月までに商業簿記の参考書1周……

など、月ごとの具体的な「やること」を、Trelloの「タスク」や、Googleスプレッドシートの「行」として記載していき、週末の時間には1件ずつタスクをつぶしていきます。

Trelloやgoogleスプレッドシートは無料で使えるので、プライベートのタスク管理におすすめですが、会社での仕事向けには有料のサービスを含め、さまざまな高機能ツールが出ています。一部機能を無料でお試しできるものもありますので、所属部署などでトライしてみてもいいですね。

ただ例外として、カレンダーアプリ上で予定欄にタスクを書き込む方法は見落としが多く、あまりおすすめしません（タスク管理を別の場所でおこなった上で、重要なタスクの締め切りを備忘録としてカレンダーに入れておくのはいいと思います）。

タスク管理はデジタルツールに頼る

手帳、付箋、ノートでも管理できないことはデジタルで管理!
いつ・何から手をつけるのかを「見える化」しよう

1月

- [ ] 周辺をリサーチ
- [ ] 講座の申し込み
- [ ] 教材の比較検討

2月

- [ ] テキストを購入
- [ ] 模試の申し込み
- [ ] 動画教材の視聴開始

3月

- [ ] 問題集Aを解く
- [ ] 過去問を入手
- [ ] 動画視聴を完了させる

4月

- [ ] 過去問1年分をチェック
- [ ] 試験の申し込み

5月

- [ ] 演習問題Bを解く

※全体を管理するおすすめのツールは、
「Trello」「Googleスプレッドシート」

「どこまでをやって、どこまでを後回しにするか」を選択・実行。
カレンダー式のツールだと俯瞰しにくいので、一覧で見やすい表に。

タスクを見ながらチェックボックス式で書き出す

終わったらチェックして
「それ以外は、やらない!」と決めておく

4/1（土）8〜13時

- □ 問題集Aを説く（20ページまで）
（NG例：問題集Aを説く）
- □ 単語アプリをチャプター2まで進める
（NG例：単語アプリを進める）
- □ どのリーディングの教材を買うか目星をつける
（NG例：教材を調べる）

4/3（月）帰宅後

- □ 空き時間10分に英語のYouTubeを観る
（NG例：英語をやる）
- □ お風呂で資料Aを20ページ読む
（NG例：関連資料を読む）
- □ 過去問の解説動画を料理中に流す
（NG例：過去問を説く）

ポイントは、アクションを具体的にすること。

次に**「今日、何をやりたいか？」**を、前日の夜に改めて紙に書き出します。

タスク一覧を見ながら、今日という1日でこなせるタスクを、チェックボックス方式で書き出し、終わったらチェックをつけていきます。

ここで注意したいのが、1つのタスクは、どんなに長くても1時間以内に完了できる分量にしておくことです。

「英語をやる」だとタスクとして漠然としているので、**「問題集の第1章を解き切る」「過去問の解説動画を料理中に流す」**など、対象を具体化しましょう。

その日1日は、チェックボックス上の物事以外は手をつけないようにしましょう。

もしなんらか思い出してしまった場合には、タスク管理ツールにメモを追加して一旦忘れるようにしましょう。

POINT

チェックボックスに書いたことだけを必ずやる

16 一足飛びに丸暗記せず、「情報の取り出し方」を先に覚える

「勉強」というと、「膨大な知識を暗記すること」と捉えている方も少なくないと思いますが、大人になってからの勉強は**「情報整理が9割」**だと思っております。

実際、仕事においても単語帳を丸暗記するような知識の暗記は求められないですよね。

一部の資格試験の勉強については、ある程度暗記が必要となる部分もありますが、**「資格取得後にその知識を活用する」**という目的の中では、単なる丸暗記は無意味で、体系立った理解が必要ですよね。

勉強へのハードルを下げるポイントとしては、一足飛びに暗記しようとしないことです。

「これはなぜか？」と聞かれた際に、その根拠となる箇所を取り出せるよう、情報の場所だけ整理しておけばＯＫ。

「テキストを読む」「動画を見る」などのインプット活動のあとに、**「問題を解く」「ノートにまとめる」**などのアウトプット活動をする。

その中で**「あの話は、あそこにあったかな」**と該当するページをめくれれば、覚えていなくてもＯＫです。

インプットの際はリラックスして流し読み・流し聞きしてＯＫで、大切だと思うところに付箋を貼ったり、動画であればスクリーンショットを撮る・メモを取ったりするだけでいいですね。

あとからメモの保存場所がわからなくならないよう、メモアプリで一元管理するのがいいでしょう。

ＰＣ・スマホ、どちらからもサッとアクセスできるものがいいですね。

例えば**Evernote**では、テキストでメモが取れるだけでなく、写真を貼り付けることも可能なので、手書きのメモも写真を撮って貼り付けておけます。

基本は無料で使えますが、有料プランを使えば写真内の文字まで検索できるので、大量の調べ物をする方にも便利です。

例えば私が宅地建物取引士の試験勉強をしていた際、一発で問題集を解き切ろうとするのはハードルが高かったので、1周目は**「問題を見て、なんとなくテキストのどのあたりに正解があるか、場所がわかればＯＫ」**とし、該当箇所に線を引く作業だけをおこないました。

「テキストに線を引く」「付箋を貼る」などの原始的なやり方でも、何周か繰り返していれば自然と頭に定着させることができます。

Ｗｅｂでの調べ物はブックマークをしたり、ＵＲＬをまとめた索引を作るなどして、情報のアクセス方法だけを、まずはまとめていきます。

机に向かい、参考書を開いて……という形式にとらわれると、勉強へのハードルが上がってしまうので、まずはとりあえず流し読み・流し聞きするだけでＯＫとハードルを下げるのがいいでしょう。

同じ内容を何度聞いてもかまいませんし、場所はソファでも風呂でもかまいません。

特に資格試験や語学学習では、覚え歌や、音楽に乗せた読み上げ教材もあるので、そういったものを繰り返し流して、自然と口ずさんでしまうくらいにするのがいいです。

私は、お風呂場でKindle読書することが多いのですが、身体が温まるまでの間だけ読み、印象に残った箇所があればハイライト機能で線を引いておきます。執筆の際などに、線を引いた箇所を見返せるようにするためです。

POINT

「ここに、この情報がある」と把握する

17 ほしい情報に1分以内にアクセスできるようにする

データ整理は、目標達成においても、日々の仕事においても、非常に重要ですよね。特に新しい仕事を覚える際など、知りたい情報にすぐアクセスできることは大きなアドバンテージになりますよね。

「そういえば、過去どうしてた？」という質問に1分以内に答えられるよう、日頃からフォルダ整理を厳密におこなっていきましょう。

データ整理のテーマは**「MECE《ミーシー》」**。

Mutually Exclusive and Collectively Exhaustiveの頭文字を取った言葉で、**「漏れなく・ダブりなく」**ということを意味します。

概念の異なるファイルやフォルダを並列で並べず、フォルダにわかりやすいタイト

ルをつけながら、何段階かに階層深く構築していきましょう。

わかりやすいフォルダの作り方は次の通りです。

□1フォルダに1内容（ファイルの数が多いときは、さらにフォルダの中に子フォルダを作る）
□フォルダ名に番号をつけ、頻度の高い順に並べる
□古いファイルは放置せず、「archive（保管）」フォルダにまとめて隠す
□ファイル名・フォルダ名のルールを統一する（ＯＫ例：「英作文課題」テキストp.23_20240401」　ＮＧ例：「作文課題（提出用）」）

「階層が深いとクリック数が増えて面倒！」という方はショートカットの作成や、フォルダのピン留めで、クリックを簡略化しましょう。

よく使うファイルをデスクトップに貼りたい場合は、ショートカット（Windowsの場合、対象ファイルを右クリックして作成。Macの場合は、ショートカットではなく「エイリアス」という名称です。右クリック、あるいはcommandキー＋Optionキーを押しながらフォルダをドラッグ

こうしてデータをフォルダにまとめていく

「一目で何がどこにあるか」わかるように
データの整理ができれば、頭の中の整理もできる

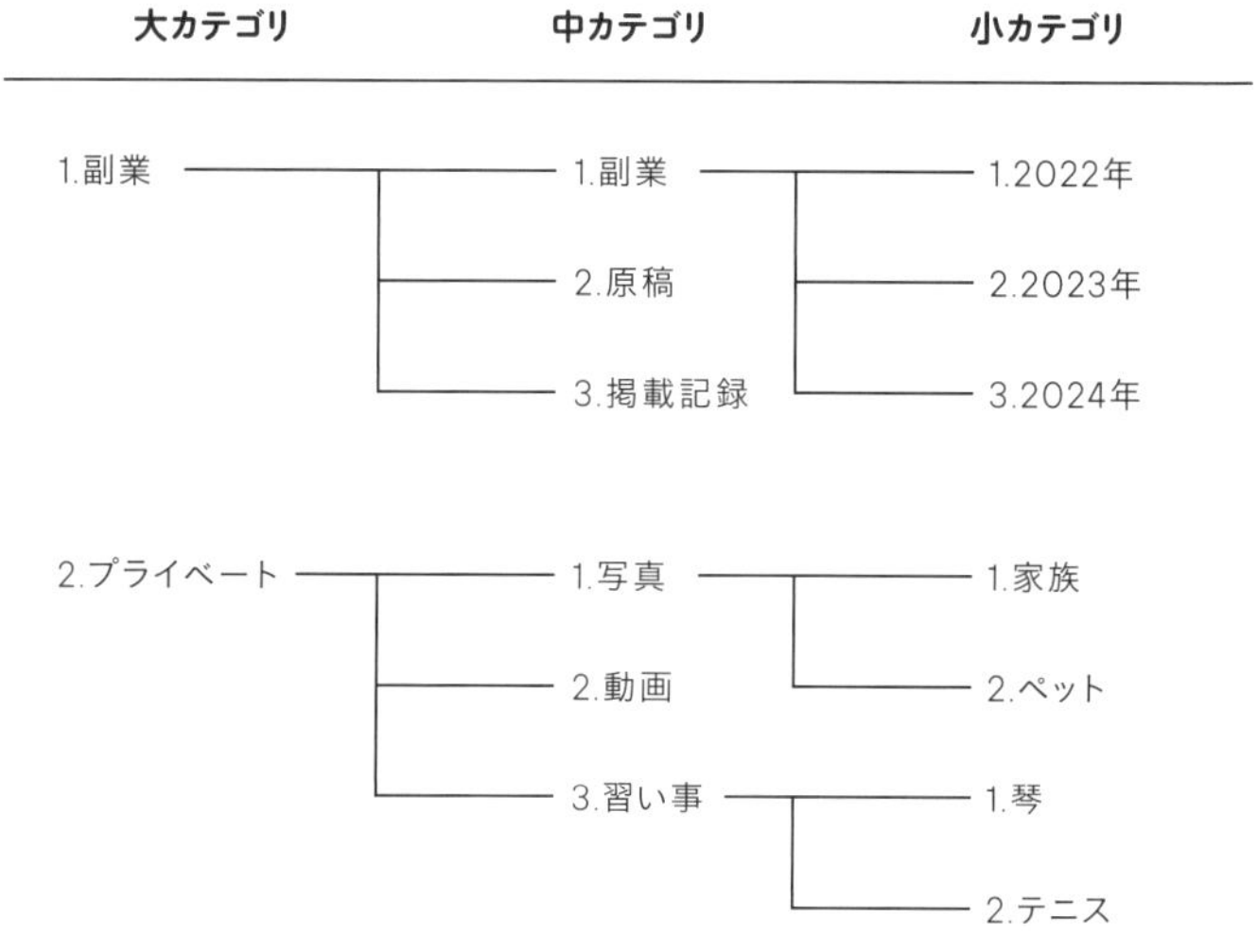

小カテゴリは年別に、
ファイル名は「英作文課題_テキストp23_20240401」など、
「いつ」「どんなものか」がわかるように整理。

します）が便利ですが、数が増えすぎるとデスクトップが散らかるので、ドキュメントフォルダ内など、一箇所に固めるのがいいでしょう。

担当業務のフォルダ自体をピン留めをしておくと、ワンクリックでアクセスできて便利です。

Windows10の場合、エクスプローラーで対象フォルダを右クリックし、「クイックアクセスにピン留めする」を選択します。

Macだと、Finderのサイドバーにフォルダごとドラッグします。

データの整理が完璧にできると、自然と部屋が片付き、また頭の中も整理されるという効果があります。

ぜひ意識的に整理していきましょう。

POINT

最短で目標達成できる人は、最短で情報を整理できる人

18 「インプット2：アウトプット1」で時間を確保する

勉強・仕事において、インプットとアウトプットは両輪で、どちらも欠かせません。

私の考えでは、「インプット2：アウトプット1」の比率が、バランスとしてちょうどいいと思います。

日々忙しい中で、細切れにアウトプットをするのは難しいため、インプットは平日の隙間時間に机以外の場所で、アウトプットは休日にしっかりと机に向かって、1週間の中で帳尻を合わせる形をおすすめします。

インプットの手段は多ければ多いほどよく、毎日の生活習慣とセットになっていると尚良しです。

例えば「毎朝、ビジネスニュースを読もう」という目標を立てたとき、早起きしてカフェに行き、新聞を読むよりも、同じ起床時間で、朝の身支度の最中、ニュース音

声を耳で聞くほうが、より楽にインプットできそうですよね。

私はテレ東BIZの有料会員で、毎朝のスキンケア・メイクの15分間と、朝食の15分間、着替え・用意の15分間で、前日放送の「ワールド・ビジネス・サテライト」を欠かさず見る(聞く)ようにしています。「カンブリア宮殿」と「ガイアの夜明け」は調理中に見ることが多いです。

語学学習についても、机に向かう勉強と同じくらい、耳で流し聞きする時間は効果的です。

私が通っている語学学校では、授業中の会話を録音することが推奨されているので、iPhoneのレコーダーアプリで録音をし、メイク中や電車内で聞き返すようにしています。ただCDを聞くよりも、自分の発言を聞くことで、スピーキング力アップに繋がります。

人前でのスピーチやプレゼンなどの練習でも、自分の声を録音して何度も聞いて耳で覚えています。

このほか、私の**「ながら習慣」**を紹介すると、

- ドライヤーをかけている間にスクワットをする
- 鍋を煮込んでいる間にラジオ配信をする
- 食後はソファで寝ながら講義動画を流す
- お風呂で本を読む
- 歯磨きの間に片付けをする

などなど。

日々の習慣の中に、**「続けたいこと」**を溶け込ませることを意識しています。

執筆や課題を解くなど、アウトプット活動は週末に集中させ、忙しい平日は、あまり机に向かわないようにしています。

POINT

平日は朝の支度でインプットする

19 複雑な課題は、1日10分ずつアプリで考える

画期的な企画書を作ろうと、机に向かうこと1時間……。必死で考えても面白いアイデアが何も出てこなかった、という経験をしたことがある方もいるのではないでしょうか。

60分間机に向かうよりも、1日10分間に分割して、隙間時間にちょこちょこ考え事をしたほうが、ユニークなアイデアというのは生まれやすいものです。

この方法は、大学受験の予備校で教わった現代文の問題の解き方から着想を得ています。**一問一答で答えが導ける暗記問題と異なり、現代文の解釈は、聞き手の意図を汲む部分から難しさがあり、一気に答えを出そうとして煮詰まるよりも、何日も細切れで考えるといいと指導をされました。**

10分間であれば、忙しい毎日でも、細切れで考えることができますよね。

食堂に並んでいる間や、シャワーを浴びながら、トイレの中でも、アイデア出しは進めることができます。

答えのない課題を解くのに、おすすめなのは移動中の電車の中です。

私は休日に、友人を訪ねて30分~1時間ほど電車に乗って移動することがあります。電車の中でスマホアプリ(Evernote)にメモをしながら企画を考えると非常にはかどるので、書籍の企画や、仕事でのプレゼンの原稿を作ったりしています。

来年の目標を考えたい、転職するか考えたいなど、将来についての考えごとをしたいとき、わざわざ旅に出ずとも、日常の移動の中でも進むはず。

通勤時間が長い方や、長時間移動の予定がある日は、ぜひ考えごとのテーマを事前に決めておきましょう。

POINT

10分細切れで考えることと、30分集中することをわける

20 机に向かって取り組むだけが勉強ではない

あなたは1日何時間、座っているでしょうか？

9時から18時までのデスクワークの場合、昼休憩をのぞいて1日で8時間、デスクに座っていることになります。

シドニー大学の研究※によると、世界20ヵ国における平均の総座位時間調査で、日本は最長で、1日当たり7時間。

座位時間が一番短いポルトガル（2.5時間）と比べて約3倍です。

1日11時間座りっぱなしの人は、1日4時間未満の人に比べ、死亡リスクが4割高まるという数字もあるほど、座りっぱなしは身体に負担がかかるのです。

仕事で長時間机に座ったあと、自宅でも勉強しようと机に向かっても、だらけたくなるのは当たり前。

身体への負担から、同じ姿勢で座り続けることへの拒否反応が出て、勉強への意欲が遠のいてしまいます。

私たちは小さい頃から「勉強＝机に向かって座っておこなうこと」というイメージを持ってきましたが、毎日デスクワークで忙しい大人にとっては、さまざまな姿勢で勉強に取り組むことこそ、長く続ける秘訣ではないかと考えています。

ここで活用したいのが、スマホ学習と音声学習です。

スマホ学習のいい点は、寝転がった姿勢で学習ができることです。

１日座り続けて身体が疲れているときも、腹痛で横になりたいときも、スマホであれば触ることができますよね。

英語や資格試験の勉強など、クイズ形式で取り組めるスマホアプリもありますし、動画形式で講義を視聴できるサービスも増えてきました。

私が宅地建物取引士の資格を取得したときには、**「STUDYing」**というアプリで、講義動画の視聴やクイズ形式での過去問に、大変お世話になりました。

暗記項目の覚え歌を紹介するYouTubeチャンネルも毎日のように観ていましたね。
MBA通学時も、布団に入りながら授業の録画映像を何度も繰り返し視聴していました。

「途中で寝てしまっても大丈夫」という気軽な気持ちで、流し聞きするのがコツです。
最近では広範囲にわたる勉強・習い事について、YouTubeで無料視聴することができるので、まずは学びたいことを調べて、チャンネル登録していきましょう。

POINT

平日はスマホ学習、音声学習で流し聞き

※ https://www.city.kita.tokyo.jp/k-suishin/kenko/kenko/kenko-yobo/documents/standup.pdf

21 学習内容をSNSでアウトプットする

自分1人きりで考えている企画は、往々にして世間のニーズとずれているもの。「競合がいない、斬新なビジネスを思いついた！」と思っても、リサーチ不足で勝ちようのない競合がいたり、そもそもニーズがなかったり。

勤務先での新規事業は、同僚や取引先からアドバイスを受けながら、アイデアをブラッシュアップしていくのがいいでしょう。

起業準備中の場合は、経営者の先輩からアドバイスを受けるメンター制度や、起業家同士で意見を出し合うインキュベーション施設もありますよね。

事業に限らず、勉強や趣味、自己研鑽の場においても、自分1人で考えるより、人と意見を交わすことが、知識の定着・探究の鍵になります。

身近な先生からフィードバックをもらえるのももちろんいいですが、今はSNSの時代。

直接の面識がない相手とも、知識をシェアできるようになりました。

自分の考えを世間に発信しながら、他者の視点を想像したり、コメントをもらったりすることで、次のステップが見えてくるものです。

片付けに対する研究活動の発信の場として、私がよく使っているのは、ブログのように文章を綴れるメディアプラットフォームの「**note**」と、ラジオ配信サービスの「**Voicy**」です。

もともと整理収納アドバイザーとして、本を書くきっかけになったのもnoteでした。ユーキャンの整理収納アドバイザー講座1級を受講し、身のまわりの人の家を片付ける中で気づいた自分の考えを1万字ほどでまとめたところ、それがきっかけで編集者の方を紹介してもらい、書籍化に繋がりました。

本書も、時間管理に対する自分の思いを1万字程度でまとめたnoteを、担当編集の方に見ていただいたことが、書籍の企画のきっかけとなりました。


学びの発信にはさまざまな「尺」がありますが、文章を書くのが苦にならない方は

note、短文で攻めたい方はX（旧Twitter）、写真や図解が得意な方はInstagram、しゃべりが得意な方はVoicyやstand.fmで、学びをシェアしていきましょう。

学んだ内容だけでなく、**「どう学んだか？」**という点も、自分が思っている以上に多くの方が参考になるはずです。

「別に人様に発信したくはない」という方は、身近なメンバーでのシェア会を開くのがおすすめです。

例えば仕事に関連する資格であれば、職場の後輩をランチタイムに集めて、学んだ内容や難しかった内容をシェアする勉強会を開いてみます。同じ勉強をする同僚から、効率のいい学習法を教えてもらえたり、新たな気づきがあるかもしれません。

同僚に話しにくい副業の内容であれば、家族や友人に、学んだ内容を聞いてもらうのも手です。

人に面白いと思ってもらえるよう、自分の学んだことをどう伝えるか、考える時間こそが頭の整理に繋がります。

旅行先で見つけた発見を、スマホのカメラロール内に漫然と保管しておくのと、見やすいスライド・動画にまとめて家族・友人に紹介するのとでは、後々自分自身の振り返りのしやすさが大きく異なります。

仕事上での研究や自主的な勉強も、聞くメンバーに、わかりやすい言葉でまとめて、勉強会を開催してみます。

教えることは相手のためになる以上に、教える側の知識の定着にも役に立ちます。

一方的に読み上げているだけでは自分のためにもならないので、聞き手から質問をもらったり、「今の説明、何割わかった？　何が役に立った？」と、話したあとにフィードバックをもらうとよいでしょう。

そうすることで、漫然と頭で覚えておくより、自分の知識として定着させることができるでしょう。

POINT

学んだことを、シェアできる形にまとめて定着させる

22 「考えたいことだけを純粋に考える環境」を作る

目標を立てたものの、忙しい毎日の中で、目標自体を忘れてしまったり、考える時間を取れなくなったりしてしまうものです。

「つい、いろいろと忙しくて……」と言い訳しがちですが、忙しいときこそ、頭の中で何を考えていたのか振り返ってみましょう。

心理学の用語で**「カラーバス効果」**という言葉があり、特定のことを意識し始めると、日常の中でそのことに関する情報が自然と目に留まりやすくなることを指します。

1日の始めに「赤いものを見つけよ」と指示を受けたら、普段の生活よりも、赤い色のものが多く目に留まるはずです。

この心理を利用し、普段の生活内で目にする場所で目標を思い出し、常に目標達成へのアンテナを立てた状態を目指しましょう。

考えたいことを考えるための一番のポイントは、「考えたいこと以外、視界に入れない」です。

人間の脳は単純で、視界に入ったものから順番に処理しようと考えます。

目標達成に関わりのないものが散乱していたり、スマホ上で関係のない情報が次々目に入る状態では、余計なことで頭の中がいっぱいになってしまうでしょう。

したがって、まずは部屋とスマホをクリーンアップしましょう。

特に、目標達成を阻害する誘惑物を、意識的に隠していきます。

つい手に取ってしまうゲーム機や漫画本は、出しっぱなしにせず、蓋付きの箱に詰めて押し入れに入れておくだけで、手に取る頻度を減らすことができます。

使用頻度が低いものは、まとめて押し入れに詰めておき、作業に使いたいものだけが目に入る状態を作りましょう。

部屋と同じくスマホも、意識しないと、どんどん散らかり、誘惑の温床となっていきます。

まずはプッシュ通知の設定を見直しましょう（iPhoneでは「設定」→「通知」から操作できます。androidでは「設定」→「通知」→「アプリの設定」で操作できます）。

アプリはインストール時点で、自動的にサウンド通知設定が組まれているものが多いですが、この通知が、集中力を途切れさせたり、睡眠を妨害する元となります。

電話とアラーム以外、**サウンド通知をオフ**にしておきましょう。

また、使用頻度の低いアプリも削除してしまいます（iPhoneでは「設定」→「一般」→「iPhoneストレージ」から確認できます。androidでは、削除するアプリのアイコンを長押ししてホーム画面上部の「アンインストール」までドラッグします）。

その上で**「意識して目にしたい情報」**を、ホーム画面に並べましょう。

私は新聞記事を読むことを癖づけたかったので、ホーム画面中央に日経新聞のウィジェット（ホーム画面にアプリの一部を表示できる）を大きいサイズで配置。

反対にＬＩＮＥやYouTubeなどついつい手を伸ばしてしまうアプリは、ホーム画面から遠いところに配置します。

LINEニュースや、google検索時に自動表示されるニュースコンテンツ、YouTubeのショート動画など、自分が意図しないところに表示されるニュース記事は、すべからく非表示にします。

検索するつもりが、つい流れでネットサーフィンをしてしまった……という事態を避けるためです。

POINT

現実逃避になるアプリはタップしづらい場所へ

COLUMN 03

初動のタイミングでOB・OG訪問をする

学生時代、就職活動の際に、希望企業のOB・OG訪問をされた方も多いのではないでしょうか。

私は大学3年のとき、とにもかくにも総合商社に入りたかったので、約60人の方にOB・OG訪問をしました（今考えると、ちょっと訪問しすぎではありますね……）。

社会人になってからは、なかなかOB・OG訪問をする機会は少なくなったと思いますが、目標達成において成功者の声を聞きに行くことは、とても有用な手段です。

転職や留学など大きな節目に限らず、仕事をしながら資格を取得した方、家庭と仕事・勉強をうまく両立している方、趣味を極めている方など、自分が何か「頑張ろう」と思うものが出てきたとき、初動の段階で話を聞きに行くことで、努力の近道を知ることができます。

ネット上でも情報収集はできますが、やはり身近な知り合いからの一次情報に勝るものはありませんよね。

大学や職場の先輩から話を聞ければベストですが、知り合いがいない場合も、

- 先輩に紹介を頼む
- SNS上で発信している方に質問を送ってみる
- セミナーに行き、懇親会で話しかける

など、とにかく行動をしましょう。

ある程度値段はしますが、業界のプロに有料で裏話を聞くマッチングサービスの**「ビザスク」**も、個人利用ができます。

私自身の例ですが、住友商事からベンチャー企業に出向することになった際は、大学時代の友人でベンチャー企業に勤める方や起業している方に、「ごはんに行きましょう！」「お茶しましょう！」と誘って、たくさんお話を聞かせてもらい、早い段階でベンチャーのマインドを学ぶことができました。

また整理収納アドバイザーとして駆け出しの頃には、先輩アドバイザーの方を訪問して、業界の慣習についてレクチャーしてもらいました。

もちろん、教えてもらう立場として節度を持つことが大前提ですが、「相手に何も提供できるものがないのに、失礼じゃないか……」と萎縮することはありません。しっかりと事前に質問事項を用意して、30分程度の拘束時間であれば、忙しい方でも時間を取ってもらえることが多いでしょう。

ネットで調べてわかることは聞かず、その人にしか答えられない生の意見を聞き出せるよう、取材のつもりで準備します。

対面の場合は手土産をお持ちする、ネガティブなことやプライベートなことは聞かないなどが、マナー面で気をつけるべきポイントです。

私自身、転職やMBA入学のことで相談を受けることもあるのですが、相談される側としては、チャットでバラバラと質問されるよりも、オンラインでも対面でも、30分会話するスタイルのほうが楽だと感じます（質問の意図がわからなかったり、文章を打つのに意外と時間がかかったりしてしまうので）。

情熱を持って取り組んだ方ほど、アドバイスをする熱意も高いもの。礼節をしっかり守った上で、ぜひお話を聞きにいきましょう。

03

平日ランチ後の30分

会社員であれば1時間の昼休みがあると思いますが、会社の食堂でのランチや、持参した弁当を、1人で食べるのにかかる時間はせいぜい20分間程度。

残りの時間で目標達成に向けた投資をしていきましょう。

デスクでは、仕事と関連する本の読書やオンライン講座の視聴。

また、カフェやオープンスペースでは資格試験のテキストを解く、通っているスクールの宿題に取り組むなど、紙に「書く」学習がはかどります。

職場の徒歩圏内に本屋・図書館がある場合は、1冊本を調達に行くのもいいですね。

【職場のデスクで】

□仕事と関連する本や、ビジネス雑誌を読む

□イヤホンをして、オンライン講座を視聴する

【職場近くのカフェ、オープンスペースで】

□資格試験の問題集を、書き込みながら進める
□わからない単語をノートにまとめる

【職場近くに本屋・図書館がある場合】

□本屋・図書館で本を調達する
□職場内の本棚から借りる本を探す

STEP

4

段取りを整える

——優先順位を決め、やるべきことをサクサクこなす

STORY 04 家でも忙しくして時間がない……

最近、勉強ははかどるようになったものの…
1日30分！
ガンバレ〜
その分、家事がおろそかです…
洗濯物
食器
あちゃー
ゴミ
家事やんなきゃなーっていう罪悪感から逃避でスマホを見る時間がまた増えちゃって…
幸せを感じるために1日2〜5時間の自由時間が必要と言われる
ほう、自由時間って大事なんだ
今の生活では仕事と勉強で余白が1時間しかない
1時間くらい
睡眠
勉強
入浴
食事
仕事
家事をやりたくならないのも当然さ
わ〜
ギリギリ…
かといって、家事代行に頼むようなお金もないよう…
現実逃避でゲーム中♪
ん〜

家事の時間を趣味の時間と捉えるのはどうだろう?
無理だよ~
家事なんて嫌いなのに!
ポン
家事を楽しむのではなくて
おお!
家事の最中、耳だけで遊ぶのだ!
皿洗いしながらバラエティー
タメトーク
洗濯しながらとりためたビデオ
O1グランプリ
体操、ストレッチしながらラジオもいいね
ラジオネームさんぺい
反対に〝勉強〟や〝仕事〟が休憩だと脳に錯覚させる!
メールチェックはスタンディングデスクで足踏みしながら
ほかにも…オフロ入りながら単語アプリ
入浴剤いい香り～♪
ふんぞり返ってポテチ食べながら英語の動画学習
そして睡眠は7時間を死守!
ぐぉー
日常生活にほどよく目標を取り込ませよう!
160ページに続く

23

1日の中で「大きいこと」から順に手をつける

「バケツには大きな石から先に入れなさい。小さな石を先に入れてしまうと、大きな石を入れる余地がなくなってしまう」

『7つの習慣』（スティーブン・R・コヴィー著／キングベアー出版）で紹介されているこのようなストーリー、聞いたことがある方は多いのではないでしょうか。

人生全体において当てはまる理論ですが、1日のスケジュールを組む際にも、この考え方が活用できます。

休日にやりたい勉強があれば、朝、朝食前に、ある程度手をつけてしまうのです。

家族と過ごしたいという日や、友人と遊びに出かけて忙しいという日も、朝の30分であれば、空いていることが多いですよね。

朝の30分ですべて終わらせる必要はありません。

朝一番に、一部でもやりたいことに着手することで、所用時間の目安が立てやすくなるのです。

「勉強しなきゃ……」「仕事が終わっていない……」と気にかけながら、現実逃避でスマホをダラダラと触っている時間は、満足度が非常に低いものです。

せっかくであれば「今はゲームを楽しもう！」「漫画を一気読みしたい！」と目的意識を持って楽しみたいものですよね。

朝30分机に向かうコツとしては、あらかじめ朝食を作業デスクの上に置いておくことです。

私は休日の朝食前は、洗顔もせず、そのまま作業に取り掛かります。

30分間が長く感じたら、最初のうちは10分から始めてもOK。

「今日から朝活だ」と気負うのではなく、朝起きたら、たまたまデスクにぼんやり座っている、という状況を作ることができれば問題なしです。

とにかく着手のハードルを下げることが大切。

作業スペースまでの間の動線だけでも、前日に片付けておくといいですね。

あらかじめ取り組みたい作業内容を机の上に置いておき、それ以外のものが見えない状態にしておくと、翌日の作業開始のハードルが下がるでしょう。

「体質的に夜型だから、夜に作業をしたい」という方も、夜までぼんやり過ごしていては、1日のペース配分を見誤ってしまう可能性大です。

貧血気味などで体調が悪ければ、無理に机に向かわなくても大丈夫。

その代わりに、横になって取り組めるやり方を見つけましょう。

例えば、頭がはたらくまでリスニングCDを流して横になる、横になりながら1日のToDoをスマホのメモアプリにまとめる、スマホでPDF資料に目を通すなど、身体は寝ていても脳が動いていれば、朝の過ごし方としてはOKです。

POINT

起きてすぐ30分だけ、手をつける

24 「土曜の午前の時間」、他人の目線も借りて習慣化する

「時間があるときにやろう」と思ったものほど、結局手をつけられなかったという経験はありませんか？

忙しい毎日に、「時間があるとき」は、なかなか訪れないのです。

ですので、「いつでも空き時間は常に頑張る」というやり方ではなく、「何曜日、何時から」と固定化するのがおすすめです。

時間はハードルを上げすぎず、まずは**「30分間」**として、余裕があれば延長する形としましょう。おすすめは、土曜日の朝8時30分以降を目標達成の時間にすること。

平日と同じ生活リズムで起床し、朝から目標達成のための勉強をおこなえば、土曜の昼以降は晴れやかな気持ちで週末を楽しむことができます。

土曜朝をフルパワーで過ごすためにも、金曜夜の飲みすぎには注意！

平日と同じ時間に寝て、朝ごはんをあらかじめ買っておきます。

運動・ダイエットの習慣化として、パーソナルジムが流行したように、「誰かと個人的に約束をすること」が目標達成の鍵となります。

例えば毎週土曜の朝9時からオンライン英会話のレッスンを入れておけば、その前後は予習・復習をやる流れが定着しますよね。

最近は多くの資格準備・習い事でオンラインレッスンがあり、わざわざジムに行かなくても家で筋トレ・ヨガも習えます。海外の大学の授業を受講したり、逆に人に教える形で副業をしたりすることも、PC1つでできる時代になりました。

取り組むまで時間がかかるタイプの方、出不精の方は、ひとまずこういったレッスンを体験利用して、ペースメーカーとしてみるのもいいですね。

コストをかけずに自力でやりたいという方も、孤独な気持ちで努力を続けるのは至難の技。うまく他人の目を活用していきましょう。

「みんチャレ」という習慣化アプリでは、アプリ内で5人1組の匿名チームを作り、ダイエットや資格試験の勉強など、同じ目標を持つ仲間とチャットで励まし合うことができます（基本は無料ですが、複数チームに加入する、記録を残すなど、一部機能は有料になります)。

別々の目標を持つ場合でも、家族や友人間で時間を決めて取り組むというのもいい方法ですね。

我が家でも土曜の午前中は勉強や作業の時間に充てることが多く、それぞれ朝から自室で作業して、昼ごはんで集合、午後はのんびり過ごす時間としています。

1人で頑張るという場合も、SNSで仲間を見つける、LINEグループで友人と進捗を報告し合うなど、ペースメーカーを見つけるといいでしょう。

「みんチャレ」以外では、**「Studyplus」**という学習管理アプリも、大学入試や資格試験の受験生を中心に人気です。学習時間が記録できるのに加え、アプリ内で同じ資格の勉強をしている仲間と繋がることができます。

POINT

土曜日の朝にレッスン・講義を入れてしまう

25 平日にインプット&休暇でアウトプットを意識する

私は、平日に会社員として働いており、整理収納アドバイザーの仕事は副業でおこなっていますが、2019年から年1冊のペースで書籍を執筆してきました。

本作は、監修本も含めて6冊目の本になります。

これを言うと必ず、「どこにそんな時間があるのですか?」と聞かれるのですが、私の執筆作業はすべて、年末年始とゴールデンウィークの休暇中におこなっています(本書は年末年始の休暇中に書いています)。

1時間あたり3000文字。

1日5時間の作業。3~4日間で1冊(約6万字)、書き上げます。

もちろん、その後、編集の方とのやりとりで直しは入りますが、基本的には文章を書くのは休暇期間中が勝負です。

1時間あたり3000文字というスピードは、ライターを本職としている方からすると、そこまで爆速というわけではありません。

ただ、途中でネタ切れを起こすと手が止まってしまうので、ネタについては執筆に向けて、1年程前からコツコツとメモ帳にストックしておきます。

「一気に書かずにこまめに書き溜めておけばいいのでは?」と思われるかもしれませんが、会社員として日々働いている中で、細切れの集中力で書いた執筆物よりも、**「今書くしかない」**という集中力で一気に書き切った文章のほうが、読み応えがあるのではと感じています。

何より、何かのアウトプットを目標にしていても、「時間のあるときにやろう」と思っていると、忙しい日々ではなかなか機会を見つけられないもの。

特にボリュームのある執筆や、論文の作成など、文字数が1万字を超えるようなアウトプットは、短期間、ほかの予定を入れずに、集中して机に向かうことが有効だと考えています。

私は大学時代には東京大学経済学部で、大学院時代には一橋大学大学院の金融戦略・経営財務プログラムで、それぞれ卒業論文・修士論文を書いています。

ボリュームのある論文は、ある程度一息で書かないと、矛盾のある主張同士を組み合わせてしまったり、自分が最初の頃に書いたことを忘れて重複してしまったりと、うまくいかなかった経験があります。


「正月まで休みなしで働くなんて耐えられない！」と思われるかもしれませんが、集中力が続くのはせいぜい1日のうち5時間程度。

朝8時30分からスタートして、午前に3時間、昼休憩を挟んで午後に2時間で、15時には作業終了してOKです。

残りの時間は家族とお出かけするなりテレビを見るなり、いつも通りの休暇を過ごします。

休暇中に執筆タイムを取ることで、会社員でも本1冊分くらいのアウトプットを出せるのです。

本に限らず、休暇中に文章を書き溜めておいて、連載記事やブログとして小出しにする、動画・写真を撮り溜めてSNSに公開するなどと、発信活動の下準備としても有効です。

いざ集中タイムになって、飽きてしまったり、さぼったりしないよう、休暇前に**「出したいアウトプット」**の目次だけ作っておきましょう。

あとは体調をしっかり整え、休みの前日によく寝ておきます。

正月に思い切りアウトプットができるよう、年末に向けて隙間時間でインプットを続けます。

私の場合は、参考文献を読む、取材で人の家を訪問するといったことを、正月に間に合わせるよう、夏頃から仕込んでいます。

いざ集中したい本番に、机がぐちゃぐちゃだとやる気が削がれてしまうので、休暇前の大掃除で、机を整理しておくといいですね。

作業中に散らかってしまった場合も、一旦、紙袋や「ちょい置きカゴ」に仮置きするなどして、目の前の作業に一極集中する環境を整えます。

正月は実家に帰省しているという方も、小さくていいので、自分だけの作業台が確保できるといいですね。

「いつかは自分も本を書いてみたい……」と密かに思っている方、会社を辞めずとも、長期休暇にトライしてみませんか？

普段の週末では腰を上げるのが重くなるような、骨太な課題に取り組めるのも長期休暇の醍醐味です。

例えば語学や資格試験の勉強では、**「休暇中に過去問集を一気に解き切る！」**と決めて取り組むことで、短期間で大きく合格に向けて前進できます。

旅行好きの方は、1週間の超短期留学をして現地で学ぶという手もあります。

新しい分野の勉強に着手するのもいいですね。休暇の間に超入門のテキストに触れることで、自分に合う・合わないがわかるはず。休暇明けから本格的に勉強を始めます。

POINT

休暇の5時間にぎゅっと集中する

26 睡眠時間は7時間を死守する

目標達成のため、「いつもより朝早く起きて勉強しよう」というプランを立てる方は少なくありません。

忙しい毎日で時間を捻出するためには、真っ先に睡眠時間を削ることを考えてしまいがちですが、取り組みを継続するためには睡眠時間以外の無駄な時間を削って、睡眠時間はキープするのが理想的です。

成人の場合、個人差はありますが、6~8時間前後の睡眠が目安と言われています（2021年6月26日「NHK健康チャンネル」より）。

「だいたい6時間寝ている」という方も、布団に入る時間と、実際の睡眠時間にはタイムラグがあります。ぜひ睡眠アプリをインストールして、睡眠時間を測定してみてください（私は「熟睡アラーム」というアプリを利用しています）。

就床時間に対する、実際の睡眠時間の割合が「睡眠効率」として表示されるのですが、私の場合、平均睡眠効率は9割程度。

夜の1時から朝7時まで布団に入っていても、入眠の遅れなどがあれば、実際の睡眠時間は5時間程度となっている日も多いのです。

睡眠アプリでは、起床時の体調を5段階評価する機能も併設されているので、ぜひ自分が快適に目覚められる睡眠時間のサイクルをデータで把握してみましょう。

寝不足の状態が続くと、人は判断力が鈍ると言われます。

集中力が鈍り、誘惑に引っ掛かりやすくなるため、本来寝るべき時間に、スマホで動画を観てしまったり、SNSを見て夜更かししてしまったりと、悪循環。

「なんとなくお得」な情報で睡眠時間を削るのはもったいない行為なので、目標達成のためには、まずは睡眠時間を死守しましょう。

POINT

削るのは睡眠以外の時間にする

27 趣味と家事とをセットでこなす

会社から帰ってすぐに机に向かい、家事をこなして、身支度をして早めに寝る。
一見ストイックで理想的な生活のようですが、こういった生活は、本当に幸福度が高いのでしょうか？

ULCAの心理学者であるCassie Mogilner Holmes氏の研究※によると、自由時間には理想的な量があり、1日2時間から5時間の自由時間を過ごす人が、もっとも日常生活に満足しているとのことです。

確かに1日中暇な日が続くよりも、適度な量の仕事をして、自由時間に思い切り遊ぶほうが、充実度が上がりそうですよね。

また、自由時間が少ないと不満が溜まるというのも肯《うなず》けます。

とはいえ、相当なホワイト企業に勤めていない限り、仕事・勉強・家事をこなした上で、自由時間を毎日2時間以上確保するのは至難の技ですよね。

また育児・介護中の場合には、さらに負担が増大します。

家事を時短するための工夫も大切ですが、家事時間をゼロにするのは不可能です。**家事の最中、「耳100％・目50％」は空いている状態ですので、そこの隙間に「趣味」をねじ込み、満足感をアップさせましょう。**料理や皿洗い・洗濯の時間は、耳を中心に楽しめるトークバラエティ番組の視聴にぴったりです。

スマホやポータブルテレビを置いて、動画を流しながら家事を進めるのがいいのですが、じっくりと視覚したいドラマ・映画には、家事のスピードが落ちてしまうので向きません。あくまで聞き流し・見流しで楽しめるコンテンツがいいでしょう。

片付けやストレッチなど、目を使いにくい時間帯は、耳だけで楽しめるラジオ番組がおすすめ。

私はお笑い鑑賞が趣味で、1日1時間はお笑い番組を見たい（聞きたい）ので、家事～入浴～就寝の合間のどこかで耳中心に楽しんでいます。ただ、気をつけているのは「コント番組」を平日夜にあまり見ないことです。理由は目を使うから。

目を使わずに楽しめる漫才、トークバラエティ、ラジオを中心に聴いています。

スポーツが好きならば、実況つきの配信を料理～食事の時間に重ねたり、一度見たアニメやドラマをBGM的に流しながら掃除をするのもいいですね。

平日忙しい中で避けるべきは「目」に偏重した娯楽です。

スマホでSNSをチェックする、動画でお得情報をチェックするなど、休憩時間になんとなくやっている行為ですが、目・耳・手すべて止めておこなうに値する趣味なのか、今一度振り返ってみましょう。

目を使わない音声配信SNSを利用する、トーク中心の動画チャンネルを登録するなど、大きく形を変えない範囲で、目が占める割合を減らしていきましょう。

POINT

「目で見て楽しむ」ではなく「手を動かしながら耳で楽しむ」

※ https://anderson-review.ucla.edu/too-much-free-time-blame-solitude-or-lack-of-productive-activity/

28 家事をしながら、読書する

「本を読まなくては……」と課題に感じながらも、意識しないと、なかなかまとまった時間が取れないものです。

「本を読むために旅行に行く！」というのもいいですが、家の中でハードル低く取り組むなら「耳読書」がおすすめ。

オーディオブックで書籍の朗読を聞くでもいいですし、さらに手っ取り早くできるのは、本を要約して紹介するYouTubeチャンネルを聞き流すことです。

私も新しい分野を勉強しようと、「どの本を買おうかな？」と迷った際にはよく視聴をしています。特に心理学、健康・栄養、歴史、語学、ＩＴ知識、投資などは、無料で得られる情報が多い印象ですね。

概要を聞いて面白いと思った本を買ったり、知らなかった本を知ったりするいい機会になります。

私の書籍も過去、いくつかのチャンネルで紹介してもらったことがありますが、「まとめ方が的を射ているなぁ」と感心させられております（笑）。

読書デバイスとしては、風呂場やキッチンでも気兼ねなく読めるということで、防水対応のkindleを愛用しています。

夕食の調理の際に耳で本の概要をチェックして、面白そうと思った本は購入して入浴中に読書、というのが私のルーティンです。

電車移動、病院の待ち時間、役所での手続き、買い物の付き添い、美容院など、待ち時間の多そうな用事ができた際には、kindleで多めにコンテンツをダウンロードしておきます。

ポイントは「娯楽と勉強を1：1で購入すること」。

私の場合は、ビジネス書・参考書と、小説・漫画を1冊ずつ購入して、1章ずつ交互に読むことが多いです。

真面目な本を続けて読むのは体力がいるので、娯楽と混ぜながら騙し騙し読んでいきます。

読書にはスマホは小さすぎるため、kindleといったデバイスが必須ですが、動画視聴だけであればスマホでまずは十分。

大きな画面で見たい講義形式の内容は、ＰＣで見ればいいので、iPadといった機器をわざわざ買う必要はありません。

自宅であれば、家族に迷惑がかからない範囲で、イヤホンは特に使わず、スマホからそのまま音を再生したほうが、耳が痛くならず長時間視聴できます。

通勤電車や病院の待ち時間など、外出先で「耳学習」したい場合には、ノイズキャンセリングのイヤホンがあると便利でしょう。

POINT

本は耳で聞き、手が空くときに目で読む

29 料理にかける時間を1割でも減らす

家事の中でも、最も時間を取られるのが料理。

コズレ子育てマーケティング研究所が2020年に発表した内容[※1]によると、育児中の世帯あたりの家事にかけている時間は、1日あたり平均4.4時間。

この内訳は料理に2.2時間、掃除に1.0時間、洗濯に1.2時間となっています。

子育て中ではない家庭では、もう少し家事時間は少ないと思いますが、料理・掃除の比率は近しいでしょう。

調理の時間に加えて、献立を考えるところから洗い物まで含まれる時間ですが、忙しい毎日の中で短縮できる部分は短縮したいですよね。

家事時間の短縮の基本は、自由に動ける作業スペースを増やすこと。

キッチン道具をまとめるコツは「浮かす」

フライパン、フライ返し、お玉……
マグネットつきのフックでシンク上や蛍光灯に浮かせていく

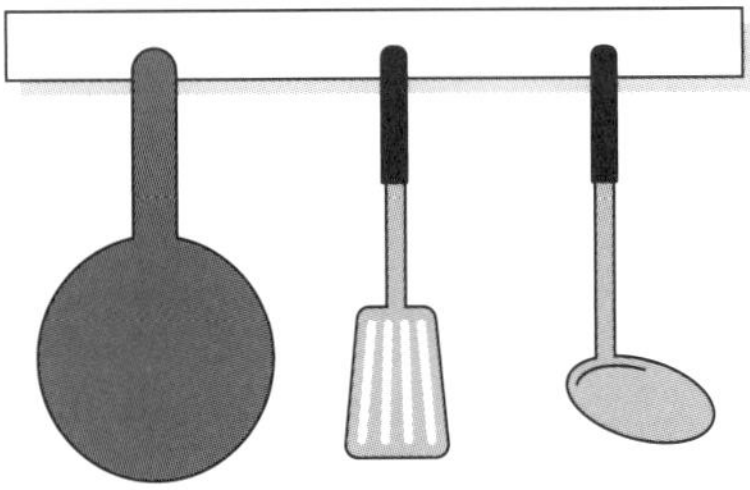

「動かす・しまう・移動する」の時間を短縮して、家事を言い訳にしない!

キッチンに調理器具や食品、調味料が散乱した状態だと、1つひとつの動きのスピードが落ち、作業の都度、物をどかす工数も増えます。

よく使う器具は冷蔵庫やレンジフードにマグネットつきのフックで吊るす、または浮かすなどして、台の上に置きっぱなしにするものの**「ゼロ」**を目指しましょう。

マグネットのつきにくい場所には、吸盤つきフックもおすすめです。

クッキー型やミキサーなど、今月一度も使用していない道具を試験的に別の部屋に移すだけでも作業はしやすくなるはずです。

押し入れや靴箱などのデッドスペースを探す、ベランダにミニコンテナを置くなど、スペースがない場合は工夫をしてみてください。

買い物および献立検討の時間を減らすために私が利用しているのは、**ふるさと納税の定期便**です。

隔週で季節の野菜（卵・フルーツつき）、月1で米と鶏肉（冷凍）の定期便を利用しているのですが、ちょうどなくなった頃に食材が宅配便で家に届くので、あるものでパパッと作ろうという気持ちになり、時短に繋がります。

ふるさと納税に限らず、**生協宅配の定期購入登録**などでも同じことができますね。

また食洗機を買ったことも、後片付けの相当な時短になっています。

2021年の旭化成の調査[※2]によると、1日の調理時間133分のうち、後片付けが23分間を占めています。

食洗機を使って洗う・乾燥させるという時間を短縮できれば、これが体感では10分程度まで短縮できるのではと思います。

分岐線工事不要な小型食洗機も増えているので、スペースがないからと諦めず、設置を検討してみましょう。一人暮らしの場合も「皿を洗う→拭く」というプロセスにストレスがある方は、食洗機の導入をおすすめします。本当に後片付けが楽になります。

「本気で勉強したいから、料理をしている暇はない」という方も、食は生活の土台となるものであり、極端に手を抜くのは健康への影響が心配です。

栄養のある食事宅配を利用して、外食にかかる時間とコストを削減してみるのはどうでしょうか。

冷凍食事宅配**「ナッシュ」**では、あらかじめご飯さえ用意しておけば、糖質・塩分量に配慮したヘルシーなおかずが食べられます。

忙しい共働き夫婦で、導入する人が身のまわりで増えています。

POINT

家事の時短のため、先行投資を惜しまない

※1 https://cozre.co.jp/blog/4429/

※2 https://www.asahi-kasei.co.jp/saran/corporate_info/2021/press_20211129.pdf

30 「待ち時間」を利用して、無理なく習慣化

習慣化のコツは、日常のルーティンに、勉強開始のスイッチを仕込んでおくことです。

「待ち時間」を活用することで、30分単位での集中時間を作ることができます。

自宅での待ち時間はいろいろとあります。

洗濯機を回している間、料理を煮込んでいる間、宅配便を待っている間。

また、入浴、トイレ、ドライヤー中、歯磨き、就床してから寝るまでの間など、手は動かせなくても**「目・耳だけ動かせる」**というシチュエーションはもっと多いはずです。

例えば片付けの習慣化では、「右手で歯磨きをしている最中は、必ず左手で出しっ

ぱなしのものを元の場所に戻しましょう」とアドバイスしています。

1回3分、1日3回の歯磨きで、洗面所が常に片付いた状態をキープできますよね。

運動を習慣化させたいなら、**「ドライヤーで髪を乾かす間だけスクワットする」**など、日常の行為に溶け込ませることで無理なく続きます。

読書を習慣化させたい場合は、肌身離さず、Kindleを持ち歩くことです。**待ち合わせで友人を待つ間、レストランで食事を待つ間、電車の中など、普段であればなんとなくスマホを開く時間も、Kindleをとりあえず開きます。**

読むものは、最初は漫画でも雑誌でもOK。とにかく、デバイスを触る癖をつけるのです。

POINT

待ち時間に「ちょこちょこ読書」を取り込む

31 美容・ファッションは「やらないこと」から決める

美容・ファッションに関する情報は、テレビや雑誌、WEB記事、SNSや動画配信サービスなど、昨今ありとあらゆる媒体を通じて視界に飛び込んできますよね。

わかりやすいメイク動画、トレンド商品の紹介、骨格に合わせた着こなしの提案など、コンテンツの種類も多岐に渡ります。

脳が疲れているときほど、人は「お得な情報」に心を奪われがちですが、細々とした情報収集で目標達成への時間と気力がそがれてしまっては、元も子もありません。

忙しい毎日で目標を達成するためにも、「あらゆる方向から情報をインプット」する欲張り精神を捨てて、「いかに情報を厳選するか」にシフトしましょう。

気分転換のつもりでも、ネットでの情報収集は、目にも脳にも勉強と同じくらいの負荷がかかっていますので、トリガーとなる動画サイトやニュース記事を表示させせないよう設定を工夫します。

私自身は**「10年後の自分に残ること以外、手を出さない」**というルールを決めて、やることを絞っています。

スキンケアは頑張っても、メイキャップは最小限。

ネイルも染髪《せんぱつ》もしない。

トレンドの服も買わない。

これだけで大分と、情報収集や美容にかける時間を減らせます。

そしてプロに頼ります。信頼できるブランドを1つ見つけて、そこでしか買わない。手持ちのアイテムを把握してもらった上で接客を受け、使い方を教えてもらうことで、無駄買いや、使い方のミスを防ぐことができます。

「信頼できるブランドがなかなか見つからない」という方は、スタイリングアプリを試してみるのもいいですね。

無料で使えるクローゼット管理アプリ**「XZ（クローゼット）」**では、自宅の洋服を写真で撮影したり、zozo townなどの通販サイトの購入履歴と紐付けた上で、手持ちの服を組み合わせたコーディネート例を、気温に合わせて提案してくれます。

有料のサービスもさまざまな種類があり、ファッション誌や芸能人のコーディネートをするようなプロに見てもらえるサービスから（私は何度か**「STYLISTE」**というサービスで、自宅のクローゼットを見てもらいました）、5000円未満の価格で、オンライン上でおすすめのコーディネートを提示してもらえるサービスまで、幅広く存在します。

写真撮影など、プロからメイクをしてもらった機会には、そこで使われたメイク道具をメモで控えておき、そのまま同じものを買います。

「美容・ファッションが趣味で、研究こそが私らしくいられる時間！」と思う方以外は、SNSで情報をかき集めるよりも、その道のプロのやり方をそのままコピーするのが時短です。

POINT

「お得情報」にお金も時間も奪われないようにする

32 目標達成に関係ない買い物は、誕生日の月だけにする

「頑張っている自分へのご褒美として」「セールでお得になっているから」「予定の合間の暇つぶしとして」。

「ショッピング自体が趣味」という方もいるかと思いますが、時間・お金・部屋のスペース、三方面が同時に奪われることも意識すべきです。

片付けの観点からすると、「買うのが好き」な方ほど捨てるのが苦手。

また、自宅に何があるか把握していないからこそ、新しい商品に目移りしてしまうのです。家電、衣類、化粧品、キッチン用品など、家にあるものの類似品を重複買いしてしまったり、使わないものをつい衝動買いしてしまったり。

まずは自宅に何があるのか、片付けの基本である**「全部出し」**を敢行しましょう。

人は1500点ものアイテムを所有していると言われます。

すべてを写真に収めるのは難しいですが、整理をおこなうたび、持ち物を全部一度出すのがやはり重要です。

1点1点手に取って、使用頻度ごとに仕分けながら、**「頻繁に使うもの」「たまに使うもの」「思い出のもの」**など、グループごとに写真を撮影していきます。

写真を撮りながら、**「同じものを重複買いしているな」「使っていないものがこんなにたくさん……」**と、少し驚いてしまうことでしょう。

持ち物が把握できた頃には、物欲が低減しているはずです。

おすすめは、店舗での買い物は年に1度にまとめ、それ以外の月はネットで必要なものだけ購入すること。

誕生日の月など、イベントのある月に店舗を見て回る時間は集約させ、一度店舗で買った商品はネットで同じものを買います。化粧品や電化製品は、昨今では種類が多すぎて、口コミ・価格比較サイトを見ているだけでも、何時間も要してしまいます。

信頼できる人に教えてもらうなどして、お気に入りの商品を見つけたら、それ以降は一切の比較をしないこと。

そして前回購入したサイトで購入すること。**最安値ではないかもしれませんが、こ**

れだけで相当な時間を節約することができます。

私の場合、楽天（西友ネットスーパー）、amazon、ユニクロ、無印良品で買い物をすることが多いのですが、トップ画面はなるべく見ないようにし、**「購入履歴」**のページを開いて、過去購入したものと同じものを急いで買うようにします。

電車の乗り換えの際、なるべく5分以内にショッピングを完了させます。

買い物の頻度がそもそも低く、無駄買い・重複買いが一切なければ、「最安値」で買えなくても、十分節約になるはずです。

ショッピングモールで漫然と買いまわりをしていると、平気で数時間がつぶれてしまいます。休憩で立ち寄るカフェ代もバカになりません。

気分転換は買い物ではなく、散歩や運動、ピクニックなどにしましょう。

POINT

チラシは読まず、購入履歴に沿って買う

33 職場のランチ休憩を有効活用する

8時間以上の労働をする場合、少なくとも1時間の休憩が必要なことが、労働基準法で定められています。

多くの方の職場では12時～13時の時間帯、昼食休憩が与えられているでしょう。

あなたはランチタイム、どのように過ごしていますか？

「勉強をしよう」と意気込むとき、まずは朝早く起きてやることを思いつくものですが、夜型の方は、無理に朝にこだわる必要はありません。

仕事にも関わる勉強や資格取得については、昼休憩の時間をうまく使って取り組みましょう。

あらかじめ弁当を買っておくか、社員食堂に急いで移動します。

実際に食事をしている時間は15分～20分程度。

残りの30分間は、勉強の時間に充てられますね。

毎日同僚とランチ会をしているという方も、まずは週1回だけトライしてみましょう。

人と話をすることで疲れを感じる方にとっては、意外と黙々と勉強する時間は苦にならないかもしれません。

「会社にいるのに、仕事をせず勉強するのは気が引ける」という人もいると思いますが、休憩時間には給与が発生していないのです。

仕事に繋がる資料を読んだり、セミナー動画を視聴したりすることから始めてみませんか。

緊急の用事が迫っていないときは、ぜひ堂々と、休憩時間内に勉強を進めましょう。

POINT

30分時間があれば、勉強・資料読みができる

COLUMN 04

1年に1つのことを達成してきた私の、目標の決め方

会社での案件を成功させる、転職する、副業を始める、年に1冊ずつ本を出版する、MBAを取得する、資格を取得する、TOEICで900点以上のスコアを取るなど、これまで年に1つずつを目安に、目標を達成してきました。

目標達成のコツは、目標の作り方にあると考えています。

まずは目標を立てる頻度です。

「年始に目標を立てたが続かなかった」という声をよく聞きますが、目標を考える頻度が年1回だと、少なすぎるのではないかと思います。

目標は日々の生活の中での課題意識や興味関心により、断続的に生まれるもので、年始一発では思い出しきれないからです。

そのため日頃から、少しでも**「やってみたい」**と思うことがあれば、メモをしておくようにします。

私は自分1人しか参加していないLINEグループを作って（LINEのグループ作成機能で、友人を招待せずに、グループを作成します）、**「やりたいことメモ」**を作っています。LINEを友人に送る要領で、

「文房具の片付けに特化したライブ配信をやる」

「沖縄のこの宿に行きたい」

など、ランダムにやりたいことを送っておいて、休暇前や時間ができた際に振り返り、実現できるものは実現していきます。

また月1回ずつテーマを決めて、やることを1つ決めます。

「資格試験の日付から逆算して、今月はここまで終わらせよう」

「衣替えの季節なので、クローゼットを大きく見直したい」

「暖かい日が増えてきたので、週末にランニングかサイクリングをする」

など、季節やスケジュールに合わせて、思いついた目標を複数定めていきましょう。

「英語がうまくなる」といった、漠然としすぎた目標はNGです。**数回の休日で実現可能なもの、かつ、自分自身がプチ達成感を味わえるような内容で設定しましょう。**

月次目標を掲げて、達成率が半分以下だったとしても、全く問題はありません。年単位で、達成できた月が少しでもあればいいのです。

「春頃は環境の変化で忙しかった。夏は長期休暇があったから勉強時間を確保できた。秋に資格試験を受けたが不合格だった（来年に期待）。試験後は趣味・旅行を充実させられた。冬は寒くて体調を崩してしまった（来年気をつけよう）」という感じで、季節ごとに頑張れた時期・そうでない時期を把握するだけでも初年度は十分OK。

実際には、年始に立てた目標を9割の人が忘れてしまうそうです。

適切な水準がわからないまま立てた目標に拘泥し、「達成できなかった」と落ち込むのは本末転倒です。

未達の月が続くならば、目標自体を取り組みやすいものに変えて大丈夫です。

完璧主義を捨て、「1ヶ月でも何か達成できたらラッキー」くらいに軽めに始めてみ

ましょう。

いい目標というのは、寝る直前の深夜や、長時間の会議後の一服など、脳が疲れているときに生まれるのではと思っています。

私が最近で達成したものとして、**「整理収納だけでなく、掃除のスペシャリストになる」**という目標があるのですが、これは夜に片付けのブログを書いていて、「掃除の記事も書けるようになりたいな……」と漫然と思ったことがきっかけでした。

深夜のテンションの勢いで、ユーキャンで、「掃除」のプロとして体系的な考え方・技術を習得するクリンネスト検定1級の講座を受講開始。

「仕事との両立が……」「プライベートで忙しい年だから……」など、冷静に考えてしまっては、なかなか行動に移せません。

とりあえず申し込む、時間の捻出はあとから考える、ということで、結果的に隙間時間で講座を修了することができました。

オンライン含め、あらゆる分野で教室がある時代。

あまりに高額な料金のものは考えものですが、少しでも興味を持ったものがあれば、まずは深く考えずに誰かに弟子入りしてみる、というのもいいかもしれません。

シリーズ
隙間時間で差がつく
目標達成術

04

土曜日の朝

土曜日の朝は、週末のスタートダッシュとして大切な時間。ここで有意義な時間の使い方ができれば、その後は胸を張ってリラックスできますし、さらに弾みをつけて勉強できるでしょう。

せっかくの土曜の午前もゴロゴロして終わらせないよう、前日はしっかり寝ましょう。

【朝一番にレッスンを入れる】

- □毎週土曜の朝9時に、オンラインで受けられる英会話レッスンを入れ、8時30分から予習の時間に使う
- □毎週土曜の朝8時30分に、オンラインフィットネスの予約を入れる
- □仲間と、土曜の午前に勉強する予定を入れて、勉強後にランチをする

【起き立てのスッキリした頭でToDoを整理する】

□週末にやりたいことをホワイトボードに書く
□新しい企画を練るために、やりたいことを書き出す

【手を動かしながら問題集を解いて脳を目覚めさせる】

□問題集を2ページ解いてから、朝ごはんを食べる
□テキストを音読し、重要なところをノートにまとめる
□45分間のビデオ講座を見ながら、レジュメに書き込む

STEP

5

心を整える

——不安な気持ちを取り払って、
一気にゴールに向かう

STORY 05 雑念で気が散ってしまう……

そこで
おすすめしたいのが
感情の全部出し
全部出しって
何？
感情を文字にして
外に出すことさ！
思いを日記に
書き出してみたり…
友人・家族だけでなく
プロの力やITツールに
頼ろう！
そしてさまざまな
尺でストレス解消法を
考えよう
アハハ
1章ごとに
散歩する
努力自体に
価値があることを
忘れないことだ
受かれば嬉しいし
受からなくても
知識は身についた
1ヶ月に一度、
チートデイを
入れてもいいね
騙し騙し
やっていこう！
186ページに続く

34 モチベーションを妨げる気持ちとはこう向き合う

目標達成に向けて勉強を始めたものの、心配事が頭をよぎり、なかなか集中できない。

「昔から、勉強は不得意だったよな」と過去の失敗を思い出し、自信をなくしてしまう。

1人でいることに寂しさを感じて、楽しそうに過ごしている同僚や友人を羨む。

こういった感情は、目標達成に向けて一歩を踏み出しているからこそ起こるもので、それ自体を否定する必要はありません。

ただ、ネガティブな感情に耐えかねて、「目標を立てては挫折する」を繰り返していると、自己肯定感が下がり、悪循環に陥ってしまうでしょう。

オーストリアの心理学者のアルフレッド・アドラーが**「すべての悩みは、人間関係の悩みである」**という言葉を残していますが、仕事やプライベートでモヤモヤとした想いを抱いている中では、目の前の作業に集中できません。

一方で、**「孤独を感じることで、集中力が低下する」**とする研究もあります。

人と関われば悩み事が生じ、一方で人と全く関わらなければ、それはそれで悩みに繋がる。

「ほどよく人と関わる」というのは口で言うのは容易《たやす》いですが、なかなか一筋縄にはいかないものです。

目標の難易度が高い、または自身の苦手分野に関わるものであるほど、対峙する中で、悩み事で頭がいっぱいになったり、孤独感を感じたりするもの。

ネガティブな感情が頭に浮かんだら、まずは「それだけ難しい課題にチャレンジしているのだ」と自分を肯定するところから始めましょう。

苦しい思いをして努力した経験からでしか、ストレスマネジメントの術は身につきません。

目標達成に向けた作業を中断して悩みの根本解決に動いても、または悩みをうまくスルーして作業を継続しても、いずれにせよ長い目で見れば、人生にとってプラスの時間なのです。

目標が思うように達成できず落ち込んでしまった場合、自分と似た境遇の人の体験談を読むのも励みになります。

「仕事のストレスで、思うように勉強に向き合えない」「パートナーの顔色ばかりうかがってしまい、毎日疲れている」など、悩みの種は人それぞれです。

個人ブログやSNSで、同じ悩みを持つ人を探せば、解決法の糸口が見つかることもあるでしょう（ただし、必ずしも正しい情報ばかりではないので、比較して余計に落ち込まないように注意が必要です）。

次のページから、具体的な解決法を提案していきます。

POINT

雑念や煩悩を肯定し、むしろ活力にする

35 悩み・モヤモヤは、定期的な「全部出し」を徹底する

部屋の片付け、時間管理においても、**「全部出し」**の有用性をお話ししてきましたが、心の中も定期的に**「全部出し」**するのが大切です。

何を持っているか把握するだけで自然に部屋が片付くように、頭の中で何を考えているか把握するだけでも、心持ちがよくなるでしょう。


「身近な人に悩みを話し、ストレスを溜めないようにしましょう」

このようによく言われますが、私にとってはハードルが高い解決策でした。

身近な人に伝えられる時点で、ある程度悩み事が整理されている必要がありますし、友人・家族はカウンセラーではないので、聞く姿勢や提示する解決策もプロのそれではありません。

また「なんとなく疲れが溜まっている」程度であれば、楽しいことをして発散できるかもしれませんが、悩みの根本に深い理由がある場合、簡単な気晴らしで解決できるものでもないでしょう。

遊びに行くことで余計、疲れてしまうかもしれません。

自分1人でできるセルフカウンセリングを実践したり、その道のプロに相談したり、あの手この手で、吐き出すことにトライしてみましょう。

まず自分1人でできることとしては、ジャーナリングです。

ジャーナリングとは、頭に浮かんだことを紙に書き出し、読み返して自分に向き合う手段のこと。

毎日、日記を書くのは面倒くさいという場合も、便利なアプリやサービスを利用してみましょう。

ジャーナリングに使えるスマホアプリもさまざまありますが、私がおすすめなのは**「muute《ミュート》」**です。

その日の感情を選択した色や、書いた日記をＡＩが分析して、週次・月次レポートを作ってくれます。

例えば「仕事」「上司」などの単語とともに、ネガティブな感情が選択されていた場合、「今週は仕事に悩んでいる日が多かったですね」などと示唆《しさ》してもらえるのです。気がつかないうちに多く使っている単語もわかるので、潜在的な悩み事も言語化しやすくなりますし、無料なので、悩み事がある期間限定で使ってみるのも手軽です。

人との関係性で悩み事に直面した場合は、1時間ほど時間を取って、書き出しをおこなっていきます。

ノートに手書きするでも、ＰＣに入力するでもいいでしょう。

このとき、**「同じ内容を、3つの視点から書く」**という手法がおすすめです。

例えば恋人との関係性に悩んでいるとき。

1周目は自分の感情の赴くままに、起こったこと、感じたことを書いていきます。

書き終わったら、2周目は相手の立場になり切ってみて、相手目線から同じ事柄をなぞっていきます。

悩み事は時間を区切って、書き出す

1周目——自分の感情を書く

最近、彼氏が私と会っていても上の空で、
LINEの返信も遅くなってきてる。気持ちが覚めたの？
私、何か悪いことした？

2周目——相手になり切って書く

仕事で部署異動をしたばかりで疲れている。
週末は休みたかったが彼女とお出かけだった。
平日は宴会が多く、LINEに気づかない。

3周目——事実を箇条書きにする

3月1日	彼氏が部署異動。
3月2～7日	LINEを1日何件か送る。返ってくるのは1件程度。
3月8日	渋谷で2時に集合、映画のあと夕食、21時に解散。 夕食時の口数がいつもより少ない。

「1時間だけモヤモヤを全部出す」と決めて、
それ以上引きずられないようにする。

相手の考えが把握できていない場合も、想像で書いていきましょう。

3周目は、感情は混ぜずに、事実だけを時系列で、箇条書きで書いていきます。

「自分と違う立場で、物事を俯瞰する」というのは悩みの解決において有用で、友達にあれこれ愚痴を話す以上に、書く行為を通じて考えの全部出しが叶うことでしょう。

次のページからは、「その道のプロに相談する方法」について詳しくご紹介します。

POINT

悩みに引きずられないように、書いて整理する

36 早めの段階から、気軽な気持ちでプロに相談する

悩みを自力で棚下ろすことに限界を感じたら、カウンセリングのプロに頼ります。「メンタルクリニックって心身を崩してから行く場所じゃないの？」と思っている方も、現代ではカジュアルなものから本格的なものまで相談窓口があります。

今後、より多くの目標を達成し続けるために、早め早めの段階から、自己投資としてメンタル管理をしていきましょう。

悩み事の程度に、浅い・深いはありません。自分自身の**「頑張る力」**が少しでも削がれているようならば、それは早めに向き合うべき問題です。

「メンタルクリニックに対面で通うのは気がひける」という場合も、スマホでチャットを送るだけで悩みを解決できる方法もあります（「モヤモヤした瞬間に話を聞いてもらえる場所がある」と思えるだけでも気が楽になりますよね）。

オンラインカウンセリングサービスの**「cotree《コトリー》」**では、週1回のメッセージの往復で月5000円での利用が可能です。**「恋愛・夫婦関係」「親子関係」「上司・同僚とのコミュニケーション」**といったテーマでは、各種テーマごとに強みのあるプロが在籍しています。オンラインでの通話・チャットであれば、例えば**「今辛いから、30分後に通話したい！」**というようなことも、時間帯によっては可能です。

夜中に悩みに襲われてしまうという方も、海外在住の日本人カウンセラーを探せば、時差を利用して気軽に夜中でも相談できます（調べてみると結構いらっしゃいます！）。

相場としては1時間3000円〜5000円程度。

感覚としては、スナックに行って、なんでも聞いてくれるママに悩み相談をするくらいの支出です。

POINT

恋人・友達に長いLINEを送らず、プロの力で解決させる

37 「得意分野」「苦手分野」「娯楽」の3つでモチベーションを保つ

目標を立てる際、真面目な方ほど、どうしても苦手分野をつぶす内容を考えてしまいがちです。

「英語が苦手だから、TOEIC800点を取ろう」

「仕事で必要だから、簿記3級を取ろう」

など、課題意識をベースに目標を立てるのは非常にいいことですが、目標がその1種類だけだと、達成できなかった際に、徒労感・自己嫌悪に襲われる恐れがあります。

心の負担を軽くして、達成率を上げるためにも、苦手分野を克服する目標を立てる際は、得意分野にまつわる目標と娯楽の小目標も、セットで立ててあげましょう。

私の昨年度の目標は「宅建合格」でした。

不動産業界に転職した直後で、業務上必要だし、同僚も全員、すでに資格を持っている。

頭では取得しないとまずいとわかっていても、勉強自体はそこまで面白いと思えませんでした……（もちろん合格したあとに「あの知識が役立った！」という喜びはありましたが、準備期間は単純暗記も多く、なかなか辛い日々でした……）。

騙し騙しやっている中で、得意分野の目標である**「片付けに関する書籍を、1年に1冊出版すること」**と、娯楽分野の小目標である**「毎日趣味のお笑いに触れる」**に、モチベーションを支えてもらうことができました。

もちろん、あれこれ手を出して、本来やるべき目標が達成できないのは本末転倒ですが、苦手分野がうまく進まず挫折しそうなときも、得意分野の達成感で自信を取り戻し、娯楽でも（勉強の邪魔にならない範囲で）満足感を味わうことで、結果的に苦手分野に対しても挫折せず向き合うことができました。

苦手分野に取り組むのが嫌すぎて、ついスマホで現実逃避して罪悪感を募らせるより、「苦手分野がダメでも得意分野を伸ばせばいい」と気楽に構えて取り組み続けるほうが健全ですよね。

また、苦手な勉強方法にこだわる必要はありません。勉強法に得意・不得意がある場合は、苦手な勉強法は一旦捨て、得意を活かせる勉強法を考えましょう。

音読すれば頭に入りやすい、ノートにまとめるのが得意、暗記が得意、じっくりとレポートを作るのが得意、人に説明すると頭に入る、映像で観たものは忘れにくいなど、一口に勉強と言っても、さまざまなアプローチがあります。

わざわざ学生時代に苦手だったやり方を繰り返す必要はありませんので、昔に得意だったやり方を優先して取り組みましょう。

時間の使い方としても、苦手分野の合間に得意分野を挟むなど、気分転換として活用するのもおすすめです。

POINT

モチベーションを上げる「得意」「娯楽」を用意する

38 「自分へのご褒美」に、お金を使いすぎない

「試験に受かったら、ブランドのバッグを買おう！」

「この仕事をやり終えたら、高級ディナーを予約しよう！」

など、目標達成のたびにご褒美を設定する方もいると思います。

ささやかな息抜き程度であればいいのですが、背伸びしないと手に入らないような、規模の大きいご褒美を設定している方は注意が必要。

ご褒美に慣れると、少しの目標では動くモチベーションが出にくくなり、行動のハードルが上がってしまうためです。

「小中学生の子供に、高額なご褒美を設定して勉強させる」と聞くと、多くの親が眉をひそめることでしょう。

勉強自体の楽しさより、ご褒美をもらえる嬉しさが勝ってしまうと、ご褒美の水準

がエスカレートし、勉強嫌いになってしまいます。

これは大人でも共通する部分がありますよね。

小さな目標達成のたびに、お金と時間をバンバン使っていたのでは、目標に対する達成感が薄れ、罪悪感や疲れを抱くことさえあるでしょう。

「仕事の報酬は、次の仕事」※。

私が大学時代に所属していたゼミの教授である高橋伸夫先生が、日本企業の行動・組織の根底にある思想として、紹介されていた言葉です。

仕事で成果を上げた社員に対して、ダイレクトに金銭報酬を与えるのではなく、やりがいがあって、より規模の大きな仕事を任せるというシステムは、日系企業にお勤めの方であればイメージがつきますよね。

仕事に限らず、努力の過程自体を報酬とすることで、モチベーションの長期継続に繋がります。

目標を達成した報酬は、次にまた新たな目標を立てられること。

「目標に向かって努力し続ける日々こそ尊いのだ」と思えれば、努力に対するハードルが徐々に下がっていくでしょう。

「30分勉強したら、YouTubeを観ていい」「30分勉強したらゲームをしていい」など、小さなゴールを設定する方もいますが、個人的には効果は薄いと感じています。

誰の目があるわけではない家の中、たとえ勉強しなくても、YouTubeやゲームには簡単に手が届いてしまいますよね。

それよりも**「30分勉強したらこんなことが身についた！」「30分では歯が立たなかったが、それだけ難しい課題に挑んでいるなんて、自分は努力家だなぁ」**など、行為そのものに対して自分自身を褒めてあげて、その上で休憩時間には自由に過ごせばいいでしょう。

POINT

ご褒美ショッピングより、努力した自分を褒める

※ https://www.jstage.jst.go.jp/article/amr/14/7/14_140701/_article/-char/ja/

39 さまざまな尺・環境でのストレス発散手段を身につける

前に「悩み・モヤモヤは全部出しして発散」という考え方を紹介しましたが、同時に騙し騙し努力を続けるためのストレス発散手段を身につけることも、無理なく長期間努力を続ける上で肝になります。

ストレス発散手段は一通りだけでは足りません。

尺（時間）、場所、形式、人数など、さまざまなバリエーションでの発散法を準備しておくことで、どんな環境下でもストレスを溜めずに努力を続けることに繋がります。

まず尺について、「作業の合間の3分間」「小休憩の30分間」「休みの日の3時間」、それぞれ何ができるか考えます。

「アウトドア派なので、外に出ることが何より気分転換」という方も、3分間で外に出て戻るのは現実的ではありませんし、体調不良・悪天候に備えて家の中での過ごし方も考えておくべきですよね。

「人と話して発散したい」という方も、家族・友人と常に予定が合う保証はないですし、一緒にいる人の機嫌が悪ければ、むしろ疲れてしまいます。

1人で、家の中でも外でも、それぞれ発散手段を持っていると強いですよね。

例えば**「近所でゴルフの打ちっぱなし→サウナ→定食屋で食事」**という3時間の黄金コースがあれば、目標達成のための努力の合間でも、メリハリをもってストレス発散することができます。

ストレス発散手段で五感のうち何を使うかについて、「動画鑑賞、SNS漫画を読む、ゲーム」など、「目を使う」ことを偏重する趣味の場合、仕事で疲れた目にさらに負担をかけることになります。

できれば視覚以外で楽しめることを考えましょう。

「3分間、いい香りを嗅ぎながら、仰向きに寝転んで、ストレッチグッズであるフォームローラーで頭をほぐす」

という方法を考えた場合、それに必要な道具を、30秒以内で取り出せる場所に配置

する必要があります。

30分間なら、近所の神社まで散歩に行く、またYouTubeでヨガのレッスンを受けるといったことができます。

ラジオを流すなら、迷わないようチャンネルに登録しておく、ラジオを流す際に釣られそうな誘惑をあらかじめ非表示にしておくなど、休憩に向けた事前の環境整備もぬかりなくおこなっていきましょう。

POINT

視覚以外の方法で休憩をはさむ

COLUMN 05

転んでも、常に目標に向かい続ける、私の失敗談

大学受験から今に至るまで、目標を立てて達成することを続けてきた私ですが、これまで立てた目標の中には達成できなかったものも少なくありません。

「打率より、打数にこだわろう」ということで、多く目標を立て、そのうちどれか達成できればいいやというマインドで取り組んできましたが、挫折してしまった目標には共通点があることがわかりました。

1つ目は**「苦手分野にもかかわらず、ペースメーカーなしで、1人で取り組もうとしていること」**。

資格試験の中ではいくつか落ちてしまったものもありますが、**「教室に通う」**

「有料のオンラインサービスを利用する」

「友人と時間を合わせて勉強する」

など、お金をかけ、人と予定を合わせて取り組んだものほど、達成率が高いと感じています。

無料でリッチなコンテンツが得られる今だからこそ、自分でもできる勉強にお金を払うのはもったいないと思いがちなのですが、特に苦手分野に対しては、1人きりで取り組んでも効率が悪く、モチベーションもすぐに下がってしまうものです（なにせ苦手な分野なのですから、効率も人より悪かったり、人と比べて落ち込んだりする機会も多いでしょう）。

「やる気にさせてもらうためのお金」は、もったいないと思わずに払うほうがいいなと感じています。

ちなみに、仕事をしながら国内MBAや、特定のスクール（英会話やビジネスなど）に通う場合、国の支援金である教育訓練給付金制度が利用できます。

私が一橋大学大学院のMBAに通った際は、受講費の半額が給付金で支援され、数十万円の学費で修士号が取得できたので、とてもお得だったと思っています。

2つ目は**「体調管理」**です。

高い目標を立てたときほど、無理に早起きして睡眠不足になり、胃を痛めたり、風邪を引いたりして、それがきっかけでしばらく中断されてしまったことがありました。

ただでさえ忙しい日常生活に、目標達成というプレッシャーが乗っかっただけでも、身体には相当に負担がかかります。

何かを頑張りたいときには、1つ何かを捨てる必要あり。

「極限まで、できる限りやってみる」という思想は捨てて、不急の仕事や会合を断るなど、あくまで日常のペースを壊さない範囲で頑張っていきたいものです。

05

長期休暇

年末年始・GW・夏季休暇……、せっかくなのでこの長期休暇を活用しましょう。

【実家に帰省しながら】

□まとまった執筆活動（書籍・論文など）をおこなう
□資格試験の過去問を10年分を一気に解く

【旅行しながら】

□朝風呂をして、朝食までの間に、企画書作りや、目標の整理をおこなう
□1週間の短期留学とリゾート旅行を組み合わせる（午前中に語学学校、午後は観光）

STEP 6

「トライ&エラーで成長する」と知る

──やり方が合うまで、絶対に自分を見捨てない

STORY 06 自分に自信がない……

③習慣化ができていない
うおー今日は5時間やったぞ!
あ、2週間くらい忘れてたわ
どれか1つでも当てはまれば成果は出にくい
全部かも…
一度ミスっても全然大丈夫!
自分の毎日を客観的に振り返ったり、人に相談してみよう
うん!
部屋のリバウンドは「写真を撮る」ことで原因が分析できる
目標の挫折はジャーナリングで状況を振り返ろう
人に相談して目標のラインを見直してみるのもアリ
通常TOEIC800点には毎日やっても半年かかりますよ
なるほど
形式にとらわれず適宜目標を変更しながらアジャストしていこう!

40 常に1畳分の快適なフリースペースを確保する

STEP1にて、自宅に1畳分の作業スペースを設けることをおすすめしましたが、「家でどうしてもやる気が出ない」という場合、依然としてスペースが足りていない可能性が高いです。

学習デスクはあるものの、書類や本が積まれていて作業スペースが小さい。

ダイニングテーブルを作業台としているが、高さが合っていない。

デスクまわりに十分な荷物置き場がなく、作業の準備に手間がかかる。

など、作業に取り掛かるまでのステップ数が増えるほど、強靭な意志が必要となってしまいます。

作業環境を客観的に見るために、まずは作業スペースの写真を撮ってみましょう。

暑い・寒い、空気が乾燥している、照明が明るすぎる・暗すぎる、食事の量が足りないなど、小さな環境の変化で心理的ハードルが生じていることも。

例えば冬場なら、足元に小型ヒーターを置く、電気カーペットを敷く、保温性の高い靴下・スリッパを購入するなど、机まわりの寒さ対策をするだけで、勉強のモチベーションは自然と上がるものです。

我が家では冬場、普段使っていない羽毛布団と電気あんかをデスクの下に置いていています。布団の中よりデスクまわりが暖かいと、「寒くて布団から出られない」ということがなくなります。

テレビの音がうるさかったり、家族と目線・動線が重なるという場合も、長時間集中し続けるのは難しいですよね。

「自分の子供に勉強させるベストな環境を作る」という視点で、自分自身のデスクも今一度見直してみましょう。

細々したものが多く、「ゼロ」の空間を作るのは難しいと感じる方も、擬似的にゼロの効果を実感するため、散らばったものを紙袋に詰めるだけでも大丈夫です。

紙袋に詰める目的は「今月使わないものは視界に入れない」こと。

今月使うものに、取り出しやすい定位置を作ります。

例えば毎日の勉強で使うテキストとノートは、作業デスク横の一番手の届きやすい段の引き出しへ。

勉強中に必要になる目薬・ハンドクリーム・リップクリームはケースにまとめ、ティッシュやPCの充電器、ペンとともに作業デスク横のカゴへ。

反対にすぐに使わないビジネス書や、文具のストックは、押し入れに移動。

仕掛かり中の書類は、出しっぱなしにせず、ラベルシールを貼ってファイリング。

締め切りが近づいたら通知されるように、カレンダーで設定しておきましょう。

書斎以外でも、キッチンで実践すれば料理がはかどり、洗面所で実践すれば掃除がはかどるでしょう。

たかが片付けと捉えず、再度、環境整備を見直してみましょう。

POINT

習慣化は集中し続けることができる部屋作りから

41 週に一度の「ノー残業デー」でスクールに通う

目標を立てても挫折してしまう理由は主に3つあり、

① 無駄な時間・思考が多すぎる
② 勉強の仕方が悪い
③ 習慣化ができていない

のどれかに当てはまります。

まずは①のうちの**「時間」**を十分に確保できないことには、何事も前に進みません。

1日の中で一番長い時間を占める「本業にかける時間」について振り返ってみましょう。

「毎日仕事が忙しい」と感じている方も、残業時間を少しでも減らせないか、今一度向き合ってみましょう。

多くの仕事を任されている責任感の強い方ほど、絶対的な業務量が多く、たとえ効率化したところでほかの仕事を任され、業務時間は変わらないかもしれません。

その場合には、週1日でもいいので、定時に強制的に業務終了する日（ノー残業デー）を作りましょう。

自分1人で勉強するために退社するのは気が引けるという場合は、講座やレッスンなど時間に制約のあるものを受講し、業務上関わる上司・同僚にはできるだけそのことを共有しておきます。

私も前職で商社に勤務していた際、毎晩夜遅くまでの残業が常態化していました。特にスタートアップ企業に出向していた期間は、平日も休日もなく、とにかく長時間がむしゃらに働きたいと考えていました。

そんな中で夜間MBAに通い始めることになり、平日は毎日19時から授業を受けることに。でも休日も授業や課題で仕事の時間が取れません。

「今までと同じ仕事量をこなせるだろうか……」と不安に思っていたのですが、いざMBAの授業が始まると、上司・同僚の協力もあり、大きく業務量を減らすことなく、毎日19時に上がることができたのです。

たまたま、MBA入学年が2020年で、テレワーク中心・宴会自粛期間のコロナ禍で、ＭＢＡの授業もオンライン完結だったことも影響して、通勤時間と宴会がゼロになったことで、結果的に2年間、一度も授業を欠席することなく、無事に修士号で卒業することができました。

ＭＢＡ修了後も、**「19時に退社するにはどうすればいいか？」**と、朝から逆算して仕事をする癖がつきました。

職場に迷惑をかけたくない、仕事はセーブできない……と思う方こそ、ＭＢＡやビジネススクールへの通学を通じて、**「19時に帰る習慣」**にトライしてみましょう。

191ページの冒頭では、3つの理由についてお話ししましたが、②の勉強の仕方、③の習慣化についても、周囲の力やツールに頼りながら現状を見直してみましょう。

②の勉強の仕方については次のページを、③の習慣化については202ページを参考にしてください。

POINT

スクールに通うことを、まわりにもシェアする

42 息切れしたら、方法を見直す

詳しく情報収集をせずに、なんとなく目標を立てたという経験はないでしょうか。

取り組む分野に知見がない場合、目標が高すぎたり、達成までの期間を見誤ったりして、早々に諦めてしまうことも。

息切れを感じた場合は、「一度立てた目標は、達成まで変えてはならない」という真面目さは捨てて、経験者の話を聞きながら、方法を見直してみるのがいいでしょう。

目標が壮大だと、日々の進捗がわかりにくく、手応えがないと飽きてしまいます。**「できる限り小さく分類すること」**は、目標管理、時間管理、部屋の片付けすべてにおいても共通する考え方です。

「ブラックボックス」を存在させず、簡単に手をつけられる単位まで細分化していきましょう。1ヶ月程度で達成できる小目標を手前に設定することで、新鮮な気持ちで取り組むことができます。

例えば「TOEICで800点を取る」という目標であれば、1ヶ月以内に達成できる範囲だと、

「単語集の基礎編を覚え、確認問題で9割以上解けるようになる」

「リスニングの過去問を3周やり切る」

といった形に細分化することです。

適切な月間目標が立てられず、いつまでも「英語を頑張る！」といった漠然とした目標に止まっているようであれば、達成確率は低くなります。

細分化がうまくできない場合は、まずはネット記事やYouTubeの動画ベースで下調べをし、合格者の先輩に聞いたり、スクールの相談会に参加するのが早いでしょう。

POINT

ふわっとさせずに、現実的な「月間目標」を立てる

43 家電購入、季節ごとの掃除代行……、あの手この手で時間を削る

「時間がとにかく足りない。余裕がない！」という方も、時間を買うための投資ができないか、今一度検討してみましょう。

総務省「令和3年社会生活基本調査」[※1]によると、1日の平均通勤・通学時間は1時間19分。関東圏・関西圏ではその傾向が強く、神奈川県では1時間40分、千葉県・東京都では1時間35分を通勤に費やしています。

すでに住宅を購入済みの方に対して「目標達成のために勤務先の近くに住め」というのは非現実的ですが、賃貸マンションにお住まいの方、特に一人暮らしで居住エリアに融通が効く方には、職住近郊をすすめます。

通勤時間が片道1時間から20分間になるだけで、ほかの同僚より、自由な時間が増えるのは大きいですよね。

同調査内では、家事時間の平均とその内訳[※2]も示されています。

家事に費やす時間について男女差が大きいため（男性が1日あたり51分、女性が3時間24分）、ここでは女性の家事内訳について見ていきます。

3時間24分のうち、46％が食事の管理、18％が住まいの手入れ、16％が衣類などの手入れに費やされています。

食事・掃除・洗濯において、まず王道としては家電の見直しをおこなうことです。

我が家では食洗機・ロボット掃除機・洗濯乾燥機を3種の神器として頼っています。

風呂掃除用の中性洗剤をケチらず毎日使う、トイレタンク洗浄用品を切らさないなど、消耗品を思い切りよく使うことも、掃除時間の削減に繋がります。

それでも忙しいという場合は、掃除代行を利用します。掃除代行サービスというと贅沢に感じる方も多いかもしれませんが、季節の変わり目のメンテナンスだけ、水まわりだけ、エアコンクリーニングだけなど、ピンポイントでの利用も可能です。

我が家では衣替えや年末の大掃除など、季節の変わり目、片付けや細かなメンテナンスに時間をかけたいときに、スポットで掃除代行を利用しています。

四半期に1回、2時間で約7000円の出費です。

このあたりになってくると、「お金がもったいない」と捉える方も少なくないのですが、家事にかかるコストアップは、カフェ代で調整しましょう。

「四季報」によると、ドトールコーヒーショップの平均客単価は400円弱。勉強するたびにカフェを利用する場合、週3回の利用で、約4800円がコーヒー代としてかかっていますよね（ドトールコーヒーより高いカフェを利用すれば金額は当然、もっと上がります！）。

カフェ代にはコーヒー自体の原価だけでなく席に対する場所代も含まれていますので、家での勉強を快適にするために自宅に投資をしたほうが、長い目で見て安くつくと考えます。

POINT

家事は頼れるものにとことん頼る

※1 https://www.stat.go.jp/data/shakai/2021/pdf/gaiyoua.pdf
※2 https://www.stat.go.jp/data/shakai/2021/pdf/gaiyoub.pdf

44 気力が下がったら、やり方を見直す

なんだかうまく頑張れないなと感じたら、柔軟に勉強の仕方を変えることです。

「何冊も参考書を買うよりも、1冊をとことんやり抜くのが大切」と受験勉強の際に教わった方もいるかと思いますが、大人になってからの目標達成は、詰め込み型教育とはやり方を変えるべき。

参考書に限らず、現代の勉強手段は多岐にわたっており、動画やアプリサービスでも、どれか1つでも自分に刺さるものが見つけられればいいのです。

形式にとらわれず、いろいろ試すスタンスでいきましょう。

小説や漫画など、ワクワクする本の積読はいいと思うのですが、「やらなくては」という危機感を煽る参考書やビジネス書の積読はすすめません。

本の表紙を見るたびに、未完了のタスクが想起され、目の前の作業に集中できなくなったり、挑戦する気力が奪われてしまうからです。

例えば苦手を克服しようと、統計の本を一式で購入したものの、本棚が統計の本でパンパンだと、新しい本を買う気力がなくなってしまいますよね。

統計以外の作業をするにも「できていないことがある」と頭のどこかで気にかかりますし、かといって背表紙が並んでいても、やる気が増幅することもありません。

背表紙による視覚刺激が強く、場所を取るという観点で、本棚は注意すべき家具の1つです。

「読み終わってはいないので捨てられないが、手に取りたくない」という本が少しでもある場合、まずは箱や紙袋に詰めて、視界から外してみましょう。

参考書やビジネス書は、年度始めや年始など、節目のタイミングを狙ってメルカリに出品すると、高値で売れることも多いです。

「部屋のスペースを増やしたい」と思う方は、いっそのこと本棚ごと手放しましょう。

『本棚の歴史』（ヘンリー・ペトロスキー著、池田栄一翻訳／白水社）によると、本棚は、もともと中世ヨーロッパで、蔵書をホームパーティーで見せびらかす用途で、出版業界がより多くの本が売れるような狙いを込めて、一般家庭に普及したものです。

「本棚にずらりと並んだ本こそ知性の象徴」といった考えは、数百年前のマーケティング戦略に、未だ引っかかってしまっているのです。

捨てられない本は衣装ケースに詰めて押し入れへ。

今月に読みたい本は、リビングやキッチンなど、読む場所のそばに分散配置します。

POINT

本棚ごと手放してもいい

45 目標に向けて頑張る人と、オンライン・オフラインで過ごす

学生時代、自習室でほかの生徒と並んで勉強した際、勉強がはかどったという経験があると思います。

人の視線を借りることで、直接の知り合いでなくても、孤独感が薄れ、励まされることでしょう。

最近では自習室サービスも出てきていますが、月々1万円程度のコストがかかり、場所も都市部に限られます。

図書館にも自習コーナーがありますが、席数や開館時間が限られていますよね。

毎日の勉強習慣を作るには、「自宅を自習室」にできればベストです。

理想的には、家族で「集中コアタイム」を設け、一緒に取り組むことです。

取り組みの内容はそれぞれ自由としつつ、**「90分間勉強して、そのあとにお茶の時**

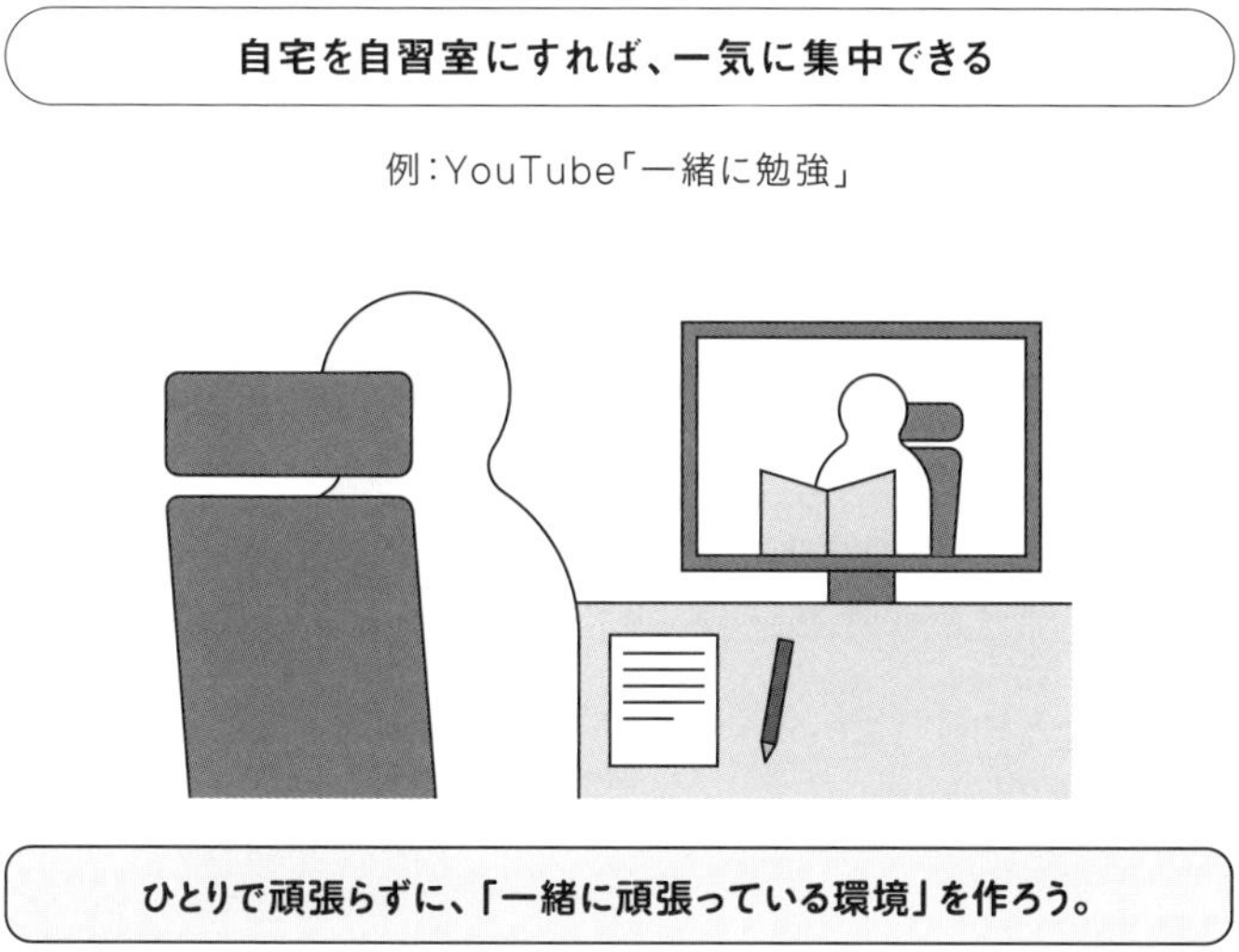

自宅を自習室にすれば、一気に集中できる
例：YouTube「一緒に勉強」
ひとりで頑張らずに、「一緒に頑張っている環境」を作ろう。

間にしよう」など、時間だけを揃えます。

子供の勉強を見てあげながら、大人も並んで勉強の時間を取ることで、子供も大人も勉強がはかどり、一石二鳥。

夫婦で勉強時間を揃え、休憩に散歩をするなどすれば、休日もメリハリをつけて過ごすことができます。

もっとも、家族のスケジュールが合わなかったり、そもそも目標達成に理解が得られなかったりする場合もありますよね。

そんなとき、1人で取り組む場合も**「人の目」**はオンラインで醸成できます。

オンラインレッスンで先生から直接教わる場合はもちろん、**「オンライン自習室」**で検索すると、月々数百円から利用できるサービスがヒットします。

YouTubeで**「一緒に勉強」**と検索すると、自習している雰囲気を味わえる無料動画がたくさん出てきます（私も大学院の予習復習には何度もお世話になりました……）。

友達同士で約束してLINE電話を繋ぐ、1日の成果をLINEグループに投稿するなど、中高生時代の試験勉強を思い出しながら、ワイワイ取り組むのもいいですね（友人同士で体重を報告し合うダイエット法というのもあるようです！）。

目標に向かう姿は周囲にいい影響を与え、やる気は伝染していきます。

孤独を感じて投げ出してしまう前に、周囲の人や、オンラインの第三者を巻き込んで、ぜひペースメークしていきましょう。

POINT

人の目があったほうが、1人で頑張るよりやる気になれる！

46 月に一度、振り返りをし、柔軟に次の目標を決める

年始に目標を立てっぱなしだと、目標自体を忘れてしまったり、達成までの道のりが遠く、諦めてしまったりすることもあります。

日次・月次・年次でそれぞれ目標を細かく立てることも大事ですが、立てた目標を定期的に振り返ることも大切です。

「毎日ノートに達成度合いを記録する」というやり方が理想ですが、毎日ノートを開くこと自体、マメな方でないとできないですよね。

まずは最低限、「月1回」のペースで、スマホでメモする形で振り返りをおこないましょう。

おすすめはSTEP2でも紹介した**「リマインくん」**。

「リマインくん」と自分が参加する**「目標管理」**という名前のLINEグループを作り、

「リマインくん」に対して、**「毎月末に目標の振り返り」**と、リマインドを頼んでおきます。

こうすることで毎月同じタイミングに、リマインドが送られてきます。

月次目標は、得意分野について・苦手分野について、それぞれ最低1つずつ立てるといいでしょう。

例えば3月の目標を、

「TOEIC のリーディング教材を1周する」

「週末のランニングを、1ヶ月合計で20㎞する」

と設定します。

そして、月末のタイミングで、それぞれの目標の達成率を、パーセンテージでメモします。

「リーディング教材が半分しかできなかったので50%」

「ランニングでは3㎞×3回＝合計9㎞走ったので、45%」

などです。

ここでは◯・×で管理せず、達成率を%で管理するのが大切です。

目標自体が高すぎて、そこまで届かなかったとしても、進捗があること自体を喜びたいものです。

あとから%で振り返りができるよう、「英語に強くなる」「たくさん走る」などの曖昧な目標ではなく、数字で管理しやすい目標を立てられるといいです。

進捗率が20%以下の目標を毎月立て続けていても、未達自体が当たり前になってしまい、意味がありません。

目標が高すぎる場合は、臨機応変に変えてもOK。

仕事や生活の予定とも折り合いをつけながら、年間で立てた目標に少しでも近づけるよう、具体的なアクションに落とせる月次目標を立てて管理をしていきたいものです。

目標達成は**「登山」**と似ています。

もちろん山頂からの景色の美しさは登山の醍醐味だと思いますが、景色が見えなかったからといって無意味なことはありません。山頂まで辿り着けないこともあれば、山頂に着いても悪天候で何も見えないこともあるでしょう。

それでも道中で花を見つける・人の親切に感謝する・足腰が鍛えられる・自分自身

と向き合うなど、達成感は随所にあるのです。

「そうは言っても、受験や資格試験は、合格しないと意味がないじゃないか」と思われるかもしれませんが、ある科目での挫折経験が別の科目での勉強の役に立ったり、勉強の中での学びが仕事や生活で活かされたり、挫折経験を話すことで人の役に立ったりと、目標に向かうプロセスは真剣であるほど必ず役に立つのです。

緊張して挑んだ試験当日、ミスをして不合格の結果になったとしても、**「本番前の最終調整」**という貴重な経験は、必ず自分の中に蓄積され、次に来る本番の成功確率を上げてくれるでしょう。

目標の達成率が3割だったとしても、そもそも目標を立てていなければ一歩も進んでいないので、それは大きな前進なのです。

POINT

できる・できないではなく、進んでいる自分を褒める

COLUMN

06

ロールモデルは、ネット上にはいない

Web上の記事、新聞・雑誌、テレビやYouTubeなど、さまざまな媒体で「いい話」を耳にすることができます。

会社を辞めてSNSや株でひと儲け、都市から田舎へ移住して悠々自適な生活、「丁寧な暮らし」で隅々まで絵になる生活……などなど、「私も現状を抜け出して、こんな世界に行ってみたい！」と、欲望を刺激される情報があちこちから目に入ってくるでしょう。

実際に参考になる意見もあるとは思いますし、娯楽としても楽しいですが、「生き方まで真似したい！」と陶酔してしまうのは、危険だと感じます。

発信者の端くれとして野暮な発言ではありますが、ネット上の情報はやはり、綺麗でわかりやすい部分のみが、都合よく切り取られています。

また、それに対して付されるコメントも、読み手側では世の総論のように感じてしまいますが、実際には限られた一部の人の意見にすぎません。

部分的に情報を参考にするのは大賛成ですし、有益な情報を与えてくれる人物や楽しませてくれる人物を推すのもいいことと思いますが、自分自身と比べて落ち込んだり、自分の周囲の人を「レベルが低い」などとけなしてしまう場合は、情報源からシャットダウンすべきでしょう。


自分自身が目標を達成する上でロールモデルとすべきは、職場の先輩、同業種の仲間、先生や学友、取引先の方など、生身の姿で一次情報をくれる人です。

1人を人生全体のロールモデルとして立てるのではなく、

「この分野では〇〇さんの考え方を尊敬する」

「〇〇さんは仕事とプライベートの両立がうまい」


などと、分野ごとに設定します。

「誰も尊敬したい人がいない」という場合には、尊敬できる人に会える場所に行きましょう。

理想の人が集まる場に自ら出向いたり、人に紹介を頼んだりするのです。憧れる相手に、**「どのように頑張ったか？」**と直接聞くことで、二次情報では得られない**「実は」**のからくりを知ることができるでしょう。

「目標自体が立てられない」「何事にもやる気が出ない」という方は、ぜひ生身のロールモデルを探しに行きましょう。

そうして
勉強を頑張り…
TOEIC
820点
目標達成！
ヤッタァ!!
ワーイ！
私もお役目ごめん
普通のウサギに戻ります
くるっ
では
えーっ
今までの夢だったのか…？
モグモグ
でもこれからも目標達成できそうだ！

おわりに

何があっても自分を責めずに、一歩一歩進んでいこう

「年末年始の休みに、1冊分の本を書くこと」。

整理収納アドバイザーになってから続けているルーティンも、今年で5年目になりました。

もともと私は片付けのトピックに限定して発信活動をしていましたが、大学の先輩であり、「挑戦心」について日米で研究活動をされている堀越啓介さんにこのルーティンを話したところ、「部屋の整理だけでなく、時間や思考の整理についても、発信してみてはどうか」とアドバイスをいただきました。

そして、ブログ（note）で時間管理の考え方について書いたところ、それを見た大和出版の葛原さんからお声がけをいただき、この本の執筆をおこなうこととなりました。

改めてお二方とのご縁に感謝申し上げます。

本書を執筆した2023年は、プライベートが大充実した年でもありました。

結婚、新居への引越し、新婚旅行、結婚式など、一生思い出に残るライフイベントが盛りだくさん。

本書の企画は春頃からスタートしたのですが、参考文献の読み込みや取材を、本業・副業・ライフイベントの合間に、進めていきました。

「目標達成にはペースメーカーとなる人の目が必要」ということを本文でも紹介しましたが、書籍の制作も1人では到底できません。

常時相談に乗ってもらった編集者の葛原さん、休日に**「勉強タイム」**を設けてともに頑張った夫、取材にご協力下さった皆様のおかげで、なんとかこの1冊を完成させることができました。

「いったいどうやって、会社員をやりながら本を書けるのか？」

と驚いていただける機会も多いのですが、本書ではその回答として、自分が心がけている小さな工夫を紹介させていただいたつもりです。

執筆活動を始めたことで、これまで漫然と過ごしていた時間がとても大切に思え、常にアンテナも立てて生活できるようになりました。

執筆活動で培った「書く力」や「斬新なアイディアを思いつく力」は、分野の異なる本業でも活かせているかと思っています。


目標を達成するのも、すべて自分のため。

人とは比べず、やり方を誤っても自分を責めず、あの手この手、騙し騙しで、前へ進んでいきましょう。


「仕事が忙しい」

「また落ち着いたときに」

と先延ばしにしていては、あっという間に時間は過ぎてしまいます。

本書がきっかけで、読者の皆様の目標が、1つでも多く叶いますように。

米田　まりな

やる気に頼らず、仕組みで結果を出す

一生使《いっしょうつか》える「目標達成《もくひょうたっせい》」の技術《ぎじゅつ》

2024年 4月30日　初版発行

著　者……米田《こめだ》まりな
発行者……塚田太郎
発行所……株式会社大和出版
東京都文京区音羽1-26-11　〒112-0013
電話　営業部03-5978-8121／編集部03-5978-8131
https://daiwashuppan.com
印刷所……誠宏印刷株式会社
製本所……株式会社積信堂
装幀者……三森健太（JUNGLE）
装画者……金安亮

ISBN978-4-8047-1910-8

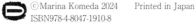